書下ろし

たった3ヵ月で英語の達人

志緒野マリ

祥伝社黄金文庫

（本書は黄金文庫のために書下ろされた）

はじめに

私の職業は、通訳ガイドである。二十数年のキャリアにおいて、のべ四万人の外国人を案内して、日本全国を旅してきた。五年前に、ガイドの仕事や旅体験についてのホームページを開いてから、概算六〇万件ものアクセスがあり、たくさんの読者からメールをちょうだいした。

「マリさんのような仕事に就《つ》きたい」「どうすれば、通訳ガイドになれますか?」といった内容のものが大半を占めている。また、今、英語を教えている生徒さんたちからは、「どうすれば、英語が上達しますか?」との質問をよく受ける。

私はどのようにして、通訳ガイドになったのか。

留学経験もなく、英語専攻でもなく、たった三ヵ月の短期集中の受験勉強で、二三歳のときに通訳ガイドのライセンスを取った。今からふり返れば、あの三ヵ月が、私の人生を決定したのだと思う。人生で、もっとも苦しんだ三ヵ月ではあるが、言い替えれば、たった三ヵ月の苦しみのあとには、すばらしく充実した人生が開けたのだから、「開けぇー、ゴマっ」のマジック・ワードのように、キラキラ光る三ヵ月だった。

ライセンスを取ってからは、英語のプロとして食べることになったから、日常の仕事をこなしながら、ごく自然に英語をみがいていくことができた。それに、ひとつの言語をモノにするプロセスを体験したら、第二外国語は、かなりラクラクとモノにできる。さらにスペイン語に挑戦し、二九歳で、スペイン語のガイド・ライセンスを取った。

こういう語学習得のプロフィールを書くと、「ものすごく勉強好きなんですね」とか、「遊んだり、恋したりする時間なんか、なかったでしょう?」と言われる。ところが、そうでもないんだよなぁ。

私のモットーは、「人並みに働いて、人一倍遊ぶ」である。人一倍遊ぶ時間を捻出するために、働くときは密度濃く、つまり単位時間あたりの収入を多く取り、そして時給単価をあげるために、ステップアップのための勉強を、これまた密度濃くやってきた。「勉強する」「働く」「遊ぶ」をメリハリつけて、切り替えを上手にすることで、人生を富ませてきたわけだ。捻出した時間とお金で海外放浪旅に出るようになり、今までに三〇回の旅行をして、四五カ国を訪問した。

どうですか、みなさん。そんな私の「勉強の秘訣」を知りたくなりませんか。

ええい、もうぜぇーんぶ、ご披露しちゃいましょう。

というわけで、この本には、通訳ガイド二〇年のキャリアのなかで、私が体験的に実感してきた、資格試験アタック攻略法や、スピーキング力獲得についてのマル得情報が満載されている。本書の特色は、英語のプロをめざす「キャリア・コース」と、お気楽な趣味に徹する「ミーハー・コース」に分類している点である。これにより、初心者からプロ指向の人まで幅広くカバーして、どんな人にも役立つように工夫した。

ちなみに、私は「日本笑い学会」の会員で、ユーモアが大好き。外国人を乗せた観光バス車内でも、英語のクラスでも、つい「笑い」を盛り込んでしまう癖がある。この本も例外ではない。暗い世相の今のニッポンで、笑いながら楽しめるように、今まで出会った旅人や留学生や外国人の爆笑エピソードをたくさん取り入れた。だから、人生暗くて落ち込んでいる人が読むと、ちょっと元気が出るかもしれない。

大いに笑って、人生を楽しむ秘訣を読み取ってくだされ。

平成一四年四月

志緒野《しおの》マリ

CONTENTS

第3章 スペイン語、ABCから通訳ガイド試験まで四年半

第6章 英語道場としての海外旅行活用法

本文デザイン●田中明美
本文イラスト●笹田美穂
編集協力●(株)キーワード

第1章
なんで英語やるの？どんな英語やるの？

1 留学幻想を捨てろ
2 自分に合った学習スタイルを見つけよう

●留学生の実態●

彼女の言うことはよく分かってます!
でもボクまだ英語で自分の事情を説明するなんてできませんよっ!
YesかNoで答えればすむのに…
……と逆ギレする留学生
アメリカに2年留学しても…
2台の新車
でもアメリカ人の恋人
英語力はイマイチ
親の決めた婚約者
英語より男を身につけてしまうお嬢さま

このように留学しても英語がモノになるとはかぎりません!!!

1 留学幻想を捨てろ

世間にはびこるデマ理論

英語を教えている短大のクラスで、将来の希望についてアンケートを取ると、大多数の学生さんが、「将来は留学したい」と書く。

なかには、「将来の夢は、外国人と結婚して外国に住むこと」というのまである。どうやらみなさん、留学に対して、あるいは外国に住むことに対して、はてしない夢とロマンがあるようだ。

「留学して帰ってきても、八割の人は通訳になんかなれないのよ」と私が言ったとき、教室のみながどよめいた。

「えっ？　ウソッ。そんなはずはない」という生徒たちの驚きを感じた私、その私こそ、内心、「えっ？　あなたたち、留学したら誰でも通訳になれると、本当に思ってたのぉ」とずっこけていた。

通訳ガイドとして二十数年のキャリアがある私は、語学で食ってきた人間である。そういうプロの私から見て、英語にまつわる巷《ちまた》の理論には、はなはだバカバカしく思えるものが多い。いや、理論というより、根拠のない民間信仰とでもいったほうがいいかもしれない。

英語三大デマ理論

・**住めばOK理論**　その国に住みさえすれば、赤ちゃんだって英語を話せるようになる
・**抜け道理論**　画期的な方法論さえあれば、英語をラクラクと身につけることができる
・**文法悪役理論**　英文法なんか、知らなくてもいい

たしかに、その国に生まれ育てば、赤ちゃんはみな、こむずかしい文法など知らなくて

も、ちゃんと話せるようになる。それは、すべての人間に備わった天性の能力である。しかし、あなたがその日本語能力を身につけるのに、いったい何年かかっただろうか。

「まんま」と最初の言葉を発するまでに、約一年。自分の名前を書けるようになるのに、さらに数年。新聞を読みこなせるようになるのに、おそらく十数年、いや、二〇年たっても新聞をパーフェクトに読みこなせないという人も多いのではないか。

そう考えると、たしかに「子どもだって、話せるようになる」けれど、その一方で、「大人の会話ができるようになるには、二〇年の歳月がかかる」のである。ひとつの言語で二〇年なら、二つやればオバサン、三つめの言語を身につけたころにはバアサンになってしまう。

一人の人間が、苦労なくラクラクと身につけられるのは、残念ながらひとつの言語にかぎられる。

「帰国子女はいいなあ。苦労もなく二カ国語を話せるんだから」などとよく言われるが、今まで私は、二カ国に住むことにより両方の言語が中途半端になり、どちらの国の人間かというアイデンティティに揺らいで苦労している帰国子女を、何人も見てきている。バイリンガル教育が成功するのは、世間が考えるほど簡単ではないのだ。

文法は、なんのためにあるのか。それは、成人が二〇年もかけずに第二言語を習得するために編《あ》み出されたものなのだ。赤ちゃんほどの無垢《むく》な記憶力はなくても、成人には論理的思考能力がある。文の構造を理解し、それを応用することで、すべての文をいちいち丸暗記する必要がなくなる。

そう考えれば、「英文法なんか、知らなくてもいい」と豪語するのがいかにバカバカしいことか、おわかりいただけると思う。

「話せる」とは、どういうことか。

「おっはようござぁいます。わたぁしは、アメェリカから来まぁした、デイビッドというものでぇす」と青い目の外国人が話したら、それを聞いていた日本人は、言うだろう。

「へえー、日本語、上手に話しますね」

この程度で「外国語を話せる」と称するなら、日本の高卒のみなさんは、全員英語を話せることになる。

「グッモーニング。アイム・デイビッド。アイム・フロム・アメリカ」でOKだもんね。

しかし、この本の文頭からここまでの文章をスッと理解できるアメリカ人は、なかなかいないし、この文章を英語にスラスラ訳せる日本人もまた、なかなかいないだろう。

あなたが身につけたい英語は、どんな英語なのか。なんのための英語なのか。それをあきらかにすることで、あなたが必要とする学習量と方法が解き明かされていくのである。

まずは、巷の英語デマ理論のなかでもっとも派手に横行し、もっとも金と時間を食い、そのくせ、得られるものがもっとも少ない「留学」について見ていきたい。

私だって、若いころは、「留学せずに、英語はモノにできない」と信じていた一人である。しかし、英語のプロとして、英語の実力のほどがきちんと見えるようになってからは、チャンチャラおかしい留学生を何人も見てきた。これから、そのいくつかの例を紹介してみよう。

LAの留学生、ダンマリ君

従妹と二人でメキシコ旅行をしたときのことである。LA（ロサンゼルスのことをアメリカ人は「エル・エイ」と言う）の空港で、乗り継ぎ便のチェックインのためにカウンターに並んでいた。

「エニーボディー・スピーキング・ジャーパニーズ?・」という声が聞こえてきた。見ると、空港のガードマンが、この言葉をまるで昔の金魚売りのように、歌うがごとくの節をつけてくり返し、ゆっくりゆっくりと歩いている。

私は、英語のできる日本人の使命感から、心細がる従妹をカウンターに残し、ガードマンに申し出て、ついていった。

LAの空港はバカでかい。端から端まで歩いたら、日が暮れてしまうと言っても過言ではない広さだ。

ガードマンについて一〇分ほども歩いただろうか。やっとのことで、ガードマンを動員させた日本人旅行者のいる現場にたどりついた。そこは、やはり航空会社のチェックイン・カウンターだった。

一人の若い日本人男性がつっ立っていた。カウンターの女性スタッフは、私を見てホッとしたようすで、事情を説明し始めた。

「この人は、こういう航空券を持っているのだが、この便とこの便の時間はあきすぎているので、こっちの便をすすめている。しかし、どうも英語が理解できないようで、どっちがいいのか答えてくれない」

と言う。なんちゅう単純なことやとあきれながら、私は彼に説明した。すると、彼は少し不機嫌な様子で、こう言った。

「彼女の言うことはよくわかってるんです。だって僕はこれからアメリカに留学するんですから」

この言いぐさには、私もキレかけた。

「わかってるんだったら、なぜ答えないんですか。あのガードマンさんが、私を探してどれだけ時間をかけたと思ってるんですか」

これに対し、彼はまた怒ったように言った。

「友人が迎えに来てくれて、彼の家に寄ったあとで次の便に乗るから、この便を変更することはできないんです。こんな複雑なこと、僕まだ英語では言えませんよ」

私はあきれ果てて、あいた口がふさがらなかった。

複雑なことが言えなくても、現物のチケットを指差して、「OK」とか「ノー」とか言うだけで、この程度の意思表示はできるはずだ。

こういう人は、英語より前に、コミュニケーション能力に問題がある。おそらく、何年住んでも、モノになる英語は身につかないことだろう。

インドで出会ったお嬢様

インド放浪旅行のある日、カルカッタにある中級ホテルで朝食を食べていた。レストランの入り口では、部屋番号を聞かれる。

「ハロー。マイ・ルーム・ナンバー・イズ……」という可憐な声が背中から聞こえたとき、私は、ふり向かなくても、その声の主が日本人だとわかった。なぜなら、すごくヘタな英語だったから。同行のアメリカ人との会話に耳を傾けてみたが、明らかに英語の運用能力は低かった。

翌朝、「ハロー。マイ・ルーム・ナンバー・イズ……」が、またやってきた。昨日同様、数人のアメリカ人といっしょだ。

食事も終わりかけたころ、彼女が私に気がついたらしい。

「わぁ、もしかしたら日本人ですか？　こんな所で日本人に会うなんて」

と、とっても可愛らしい彼女は天真爛漫《てんしんらんまん》に喜んで、「ねぇ、少しお話ししてもいいですか？」と言う。

話してみてわかったことには、アメリカに留学してすでに二年がたつという。ん？　二年も住んでいるあの英語なのか。そして、二年間に二台の新車を買ったという話や、親の決めた婚約者が毎日国際電話してくるという話から、相当なお嬢様だと推察できた。専攻は、一般地理学という、アメリカに留学する必然性がまったくないもので、この旅行は、インド地理を学ぶためのゼミ旅行という。貧乏症の私は、その無駄使いに満ち満ちた暮らしぶりに、ただただ感心した。

彼女は、私という年上の日本人に、恋の悩み相談を持ちかけた。それは、アメリカ人の恋人ができてしまったことだった。彼は武道が好きで、日本に興味を持っている。なんとか彼と日本に戻っていっしょになれないか、と言うのだ。聞けば聞くほどアホらしくなった私だが、とりあえず、日本で自活する方法について答えてみた。

もし、アメリカ人の彼が日本で働くとなると、英会話学校で働けば、たぶん月収二五万円くらいは稼げること。彼女が英語を使って仕事すると、資格ゼロの彼女のレベルでは、塾か児童英会話の講師といったところだから、そうすると時給は一二〇〇円程度。生活はかなり苦しいだろう。

問題は、彼女が、今の贅沢《ぜいたく》な親がかり生活を彼のために捨てられるか、ということ。また、気まぐれなアメリカ人の彼に、途中で捨てられる確率も高いこと。などなど、超リアルに人生相談にのってあげて、私のおすすめ結論として、彼のことはあきらめて、親の決めた婚約者といっしょになることね、と言ってあげた。

けど、ふと見ると、彼女の目に光るものがある。イカン、私は可憐なお嬢様をいじめる、意地悪バアサンになっていたのだ。慌《あわ》ててトーンダウンして、フォローにつとめた。

「まあ、やってみれば、うまくいくかもね」「思いきって先に子どもつくったら、親が二人を認めてくれるかな」とか……、ぜんぜんフォローにはなってないか。

しかし、この手の留学生は多いんだよな。留学なんか、お金さえ出せば誰でもできる。けれど、親がかりのお気楽留学で身につくものは、驚くほど少ない。

英語を身につけず、男を身につけてしまう例は、そこらじゅうにころがっている。

フラメンコ留学生、アンダルシア弁を嘆く

スペインのマドリードを旅したとき、スペインに三年住んでいるという日本人女性と知り合った。最近の傾向として、語学や研究が目的ではない留学が増えているが、彼女は、ただいま人気上昇中のフラメンコ留学をしていた。

スペイン語のＡＢＣ（スペイン語ではアーベーセーと読む）さえ知らず、フラメンコの本場、アンダルシア地方の先生の所に飛びこんで習い始めたという。おかげで、完璧なアンダルシア弁が、とっても自然な形で身についたらしい。たしかに、聞いただけでは、日本人かネイティブかまったく区別がつかない。

英語学習者はよく、「自然な英語」にこだわって、留学を希望したり、ネイティブの先生に習いたがる。自然な英語はたしかによいのだが、自然なだけでは意味がない。

この女性は自分のスペイン語をちゃんと認識していた。

「私の周囲にはスペイン語を話す人が多いけど、あなたみたいに自然に話せる人はいないわぁ。うらやましいわ」

と私が言うと、彼女はきっぱりとこう言った。

「なに言ってるのぉ。私のスペイン語なんて、なんの役にも立たないわよ」

そう、そうなんだよな。きちんとした文法に基づいた、標準の正しいスペイン語でなければ、職業的にはまったく意味をなさない。

「今日もねぇ、タクシーの運転手さんに言われたのよ。『ネェちゃん、アンダルシアから来たんだねぇ』って。マドリードに来ると、いつもみんなにそう言われるのよ。なんか、地方訛《なま》りを馬鹿にされてるみたいでイヤなんだけど、私には、ちゃんとしたスペイン語は話せないんだもん」

と、彼女はアンダルシア弁を嘆いていた。

フラメンコの習得にスペインに住むというのは、アメリカに英語の語学留学をするよりは、ずっと中身が濃いと思う。英語はいまや日本でいくらでも学べるが、フラメンコをちゃんと習うには、スペインに行くしかない。もし、フラメンコを身につけて、それを職業として生きていく道が開けたならば、申しぶんない留学である。しかし、たいていは、ほんの数年間、趣味を楽しんだだけで終わるようだ。

それは「留学」とはいわず、「遊学」と呼ぶほうがふさわしい。

文法を知らないアート・スクール留学生

数年前に英会話学校で働いているときに知り合ったある女性は、イギリスのアート・スクールに五年留学していたという。彼女は講師として雇われたが、ふつうの場合の一年契約ではなく、半年契約で働かされていた。ということは、学校側は彼女の講師としての能力を疑っていたようだ。

五年というのは、かなりの時間である。「五年住んだ」という人にはそれ相応の敬意を払う私なので、なぜ彼女がちゃんと契約してもらえないんだろう、と不思議に思っていたが、あるとき、その謎が解けた。

彼女が私にこうたずねたのだ。

「ねえ、生徒さんがよく、be going to の意味について質問してくるんだけど、be going to っていったいなんなの？　なにか特別な意味があるのぉ？」

「へっ……？」と私は絶句してしまった。だって、この学校のテキストには、be going to の次に名詞をつけて「〜へ行くところだ」という用法と、次に動詞をつけて「〜するところだ」「〜するつもりだ」という意志や予定を表す用法を、二つの単元に分けて念入りに教えているのだ。

テキストを予習すればその意図は明白にわかり、先生としては、その説明をせずして授業はできないはずだ。おいおい、大丈夫か？

フラメンコやアートなどの芸術方面での留学は、めざすプロの道がなかなか開けないから大変である。かといって、長く住んだからとて語学のプロにもなれず、文法の基礎がないオーラル言語は、帰国後にサビつくのも早い。

夢を追うのもいいが、将来的な生計の道も確保しておくのが賢明である。

親に言いたい、「お金を出すな」と

英会話学校の講師をしていたとき、とある生徒さんが、相談にのってほしいとやってきた。彼は、大学を出て企業に勤め始めたばかりの二三歳。経済学を専攻して、まあそこそこ名前の知られた企業に勤めていた。留学を考えているという。

「せっかくいい会社に勤めているのに、なんで辞めてまで留学するの?」

「なんか、やりがいを感じられないんです。それに、これからの世の中は、英語とパソコンって言うでしょ」

うーん、英語をブランドもののバッグのようにとらえているアホかいな、と私は内心シラケまくっていた。まあ、この学校に雇われている身としては、生徒はみなさんお客様だから、一応真剣な表情で相談にのるフリをする。

この学校のシステムでは、全生徒をAからFの6段階にレベル分けしている。

「で、今のあなたの英語のレベルは、どの段階なの？」

「まだ、最初のF段階なんですけどね」

「へっ？」私は、耳を疑った。F段階ってあんた、「あなたの名前はなんですか？」「あなたの仕事はなんですか？」「これはいくらですか？」てな構文で、ひとつずつレッスンを進めていく、あのレベルぅ？　英検でいえば三級以下だ。

私は、「新婚さんいらっしゃーい」の司会の桂三枝みたいに、椅子からころげ落ちそうになるのをぐっとふんばって、コンサルティングを続けた。

「で、留学の費用はどうするの？」

「親がね、本気で英語を勉強するなら、出してやってもいいって言ってくれてるんです」

そうかぁ、親もアホなのね。なら、しゃあないか。

私は、こういう相談を受けるたびに、親に言いたい。「お金を出すな」と。

最近の親は、自分の子どもの資質を見抜けない人が多い。もっとわかりやすく言うと、「甘すぎる」アホ親が多い。

私が親なら、お金の相談はバッサリと脚下し、親を頼れないという心理的環境をつくってやり、それでも子どもが完璧に自力で稼いで、留学の準備万端を整えたのを見届けたなら、出発の前夜かなんかに子どもを呼んで、「困ったときには、このお金も使いなさい」と、トラベラーズ・チェックの束なんぞを渡し、感動の涙のシーンを演出するけどなぁ。

大学を卒業してせっかく定職に就いたのに、それを捨てて、お金をかけて留学して、いったいなにが身につくだろう。留学を計画するときに必ず実行してほしいのは、「得るもの」と「失うもの」を天秤にかけて、その留学が「価値ある留学」かどうか、しっかりと値踏みすることだ。

今、英語の実力の区別がつく人々は、巷の「留学」のほとんどが「遊学」だと知っている。なかでももっとも無価値な留学が、「卒業後すぐ」の「親がかり」の「私費語学留学」である。「どうせ、たいした力はついていまい」と見下されるのをはね返すためには、英検なりTOEICなりで実力証明をするしかない。

「留学してもまだ英検二級の人」への評価は、「留学せずに英検二級の人」よりも劣ることになる。あたりまえでしょ。お金と時間を投じてなお実力が上がらないというのは、「あたいは怠け者だ」と宣言しているようなものだ。

実力をつけずに年齢の数だけ増やして帰国した怠け者に対して、世間の風は冷たいということだけは覚えていてほしい。

2 自分に合った学習スタイルを見つけよう

ミーハー・コースとキャリア・コース

あるとき、四人のオバサン仲間でオシャベリした。四人とも、いわば語学の達人である。夢中でオシャベリしているうちに、ふとおもしろいことに気がついた。みな、語学において相当のレベルに達しているのだが、三人は資格志向、一人はいまだかつて検定試験を受けたことがないという。逆に、趣味として英語の本を読破したことがない三人に比べて、一人はいつも英語の本を持ち歩き、英語を読まない日はないという。

つまり、三人は英語を資格や仕事に結びつけて考えてきたが、もう一人は、ただひたすら英語が好きで、英語に浸《ひた》っているうちにプロのレベルに到達し、結果的に英語を職業に生かすことになったのだという。

このエピソードには、英語習得の大切なカギが隠されている。ラーニング・スタイルというポイントである。私個人は、何か目標がないと勉強できないので「資格」という目標を設定する。また、長期でだらだらして効果が見えないと、とたんにやる気をなくす。だから、自分は短期集中型だと認識している。しかし、人によっては、試験は死ぬほど嫌い、のんびりゆっくりが性に合うという人もいるだろう。そして、英語がイチゴ・ショートケーキよりも好きな人なら、意識的に努力せずとも、日々英語に親しんで、じわじわ力を伸ばすだろう。

ここでは、みなさんが、それぞれの目的と性格に合致したマイ・スタイルの英語を分析するための方法を説いていきたい。

まずは、英語を仕事に生かすか否かという視点から、二つのコースに分類しよう。キャリア・コースとミーハー・コースである。

ミーハーなんて失礼なネーミングだって？　そんなことはない。私は、ミーハー的好奇心こそ、人生を楽しむ秘訣だと思っている。ただし、仕事と趣味はきっちりと区別して考えるべきだ。仕事は常に真剣勝負の厳しさを持つ。それはいい加減な気持ちで侵してはいけない、聖なる領域である。しかし、プライベート・タイムは大いに楽しむ気持ちを持つのがいい。

語学というのは、ある種、退屈で地味な学習過程なくしてはモノにならない性質を持っている。だから、ミーハーとキャリアの区別を中途半端にしていると、高い授業料をドブに捨てる結果になるのだ。まずは、キャリアかミーハーか、自分自身のアイデンティティをしっかり持つことからスタートしよう。

若い人の場合は、英語を学ぼうとする動機の先っちょには、「将来、仕事に活かせればいいなあ」との思いがあるだろう。とくに女性の場合、翻訳や通訳や英語講師などは、一人前の職種としては収入の不安定さが問題だが、主婦のバイトとして考えると魅力的な仕事が多いので、野心は大いに持ってもらいたい。つまり、キャリア・コースを視野に入れておくといいと思われる。

もしあなたが、現在すでにライフ・ワークとしてのお仕事をお持ちなら、あなたにとっての英語は、まったくの趣味であるはずだ。これはもう、ミーハーを自認して、徹底的に楽しむ姿勢を貫いてほしい。

ミーハー・コースで挫折する人は、趣味でありながら、つい勉強的な苦行を自分に課し、しかし動機が弱いために成果をあげることができず、そのはざまで苦しんで、途中で投げ出してしまうのである。

ミーハー・コースの鉄則は、①英語を楽しむ　②成果をあせらない　③とにかく続ける、この三点である。これを呪文《じゅもん》のように唱《とな》えて、楽しむ工夫を重ねて、正しいミーハー道をばく進してもらいたい。

検定試験と語彙数、学習時間数の相関関係

「英語ができます」と自己申告するだけでは、それがどの程度の実力なのか、相手にわかってもらえない。しかし、検定試験の判定結果があれば、実力を客観的に証明することができる。英語の検定試験として、古くからあるのが英検（実用英語技能検定）であり、最近重用されているのが、TOEFL（Test of English as a Foreign Language）やTOEIC（Test of English for International Communication）である。

ＴＯＥＦＬは、外国の大学に正規留学する際に、語学力の目安として世界的に利用されている試験だが、アメリカの歴史や文化、自然科学に関する長文問題などが多く、とっつきにくいし実用性が低い。

留学を念頭においていないなら、断然ＴＯＥＩＣがいい。こちらは、企業が社員の語学力を測るのに、最近ますます重用している。内容的には、英語の標識やビジネスレター、レンタカーやショッピングについてなど実用性が高いので、勉強がそのまま実践英語に直結する点がいい。

ところで、あなたの語彙《ごい》数は、どのレベルだろうか。

手元にある研究社の『ライトハウス英和辞典』には、六万五〇〇〇語が収録されているが、そのうちの基礎単語には星印がついている。

中学用基本語一〇〇〇語に　＊＊＊＊

高校用基本語一〇〇〇語に　＊＊＊

それに続く基本語二〇〇〇語に　＊＊

次の三〇〇〇語に　＊

Ｅで始まる単語を、星の数別にいくつか抜き出してみた。

TOEIC、TOEFL、英検の相関関係

■TOEICとTOEFLの比較

	TOEIC	TOEFL
TOEIC Aレベル（難易度の高い大学院留学）	860-	600
TOEIC Bレベル（難易度の高い大学留学）	730-	550
TOEIC Cレベル（留学に必要な最低レベル）	470-	500
大卒新入社員の平均	434	

※TOEICとTOEFLには、得点の換算式がある
TOEICスコア×0.348＋296＝TOEFLスコア

■英検の級別、語彙数と到達までの勉強時間の目安、合格者のTOEIC、TOEFL平均点

	語彙数	勉強時間	TOEIC	TOEFL
英検1級（大学上級）	10000-15000	3500	908	610
英検準1級（大学中級）	7000-8000	2500	751	542
英検2級（高校卒業）	4000-5000	1500	519	456
英検3級（中学卒業）	1000-2000	1000		

**** each earth eight else end enough enjoy enter evening excuse
*** eastern egg election empty enemy energy equal error especially
** eager earthquake elder elementary engineer entertainment evidence
* earnings elbow elephant endeavor equator equation era erase esteem

いかがかな。四つ星単語をまったく知らない人は、学校英語をサボり倒したツワモノだろう。よく言われるのは、基本語の一〇〇〇語で英語の文章の六~七割をカバーできる、ということだ。四つ星単語のみで、ある程度の会話は可能である。

「学校英語は役に立たない」と言う人は、学校英語を吸収しなかった人だ。国民の九五パーセントが高校教育を受けているニッポンのみなさんは、理論的には英検二級、四〇〇〇語レベルの実力をお持ちのはずである。しかし、一般的には受験期にピークだった英語の語彙力は、大学で遊びほうけているうちに朽ち果ててしまう。それは、大卒新入社員のTOEIC平均点が英検二級レベルに達してないことを見るとよくわかる。

とすると、この本の読者のみなさんは、平均的な英検三級レベルか、もう少しは勉強したという二級レベルの人が大半であると思われる。三級から二級は、二つ星単語をマスターすればいいわけで、ウッと気合いを入れて努力すれば、すぐにこなせる量である。

しかし、二級から準一級レベル、もしくはTOEICをさらに二〇〇点アップするためには、目安として、基本語ではない難易度の高い三〇〇〇語の語彙と、一〇〇〇時間の学習時間が必要だ。一〇〇〇時間とは、毎日三時間休みなくやって丸一年。英会話学校に週二回通う程度、つまり、週に三時間ペースなら、なんと七年もかかる。準一級の合格率は一〇パーセントだが、要するに、そこまでの努力を実行できる人は、全体の一割程度なのである。

まずは一度TOEICを受けてみて、自分の英語力が四三四点の大卒平均レベルなのか、高校教育をきちんと吸収して五二〇点くらいを取れるレベルなのか、おためしあれ。

点数が細かく出るTOEICは、とりあえず今の自分の実力を知るには最良のテストである。申し込みはいたって簡単で、大手書店などにある申し込み用紙で、いつでも手続きができる。明日にも書店に立ち寄って、申し込み用紙をゲットしよう。

私が英検をすすめる理由

英語をマスターするのは、登山に似ている。続けるかぎりは、少しずつにせよ、伸びていく。立ち止まると、忘却という向かい風に押されて、いつの間にか高度を下げている。

キャリア・コースの人は、チョモランマ（エベレスト山）を踏破するつもりで、しっかりと登ってもらいたい。ミーハー・コースの人は、山裾《やますそ》のお花畑を散歩するつもりで、歩くこと自体を楽しんでもらいたい。とにかく歩き続けることが大切だ。

もし、あなたが達成欲求の強いタイプだとすれば、やはり登山の一区切りついたところで、検定試験を受けることを推奨したい。それも英検をおすすめする。ＴＯＥＩＣの年間受験者は一〇〇万人ほどだが、英検は年間三〇〇万人以上が受験している老舗《しにせ》の検定試験である。また、ＴＯＥＩＣの試験内容が「読む」「聞く」に偏《かたよ》るのに対して、英検は、記述式問題（一級のみ）や二次面接試験により、「書く」「話す」も幅広くテストしてくれるのがいい。

そして、英検のなによりいい点は、級別の合否判定という方法が明確な目標を定めてくれることだ。つまり、やったぁー合格したぁー、という気分が味わえる。

こうした語学試験は、勉学の途中において張りになる点でも存在価値があるといえる。履歴書などに書く場合にも、「ＴＯＥＩＣ〇〇〇点」よりも「英検二級」のほうが、面接官の目に留まりやすい。

文部科学省が、英検など公益法人の技能認定を廃止することを発表したので、英検がなくなると勘違いした人も多いようだが、検定そのものがなくなるわけではなく、従来通り続けられる。御上の認定があろうとなかろうと、そんなのどうでもいい。年間三〇〇万人以上も受験しているという事実がモノをいう。もともと検定試験というのは、資格試験や免許とは違って、それ自体はなんの効力も持たない（厳密に言えば、通訳ガイド試験が語学系では唯一の資格試験になる）。しかし、合格率五パーセント（英検一級の場合）の試験に合格したという事実は、未来永劫に残るのだ。

私がガイド試験や英検一級に合格してもっともよかったことは、「ここまでならやれるんだ」という自信を得たことである。これはお金にならないし、ヴィトンのバッグみたいに人に見せびらかすこともできない。けれど、その後の人生において、私の生き方にポジティブな影響を与えてくれたことについては、確かな手ごたえを感じている。

キャリア・コース、「習うより働け」の法則

キャリア・コースの人は、英語を使って仕事をしたいという「夢」を持っているだろう。

はたしてそれは「夢」と呼ぶほど遠いものだろうか。一般的に言って、英語を使う仕事への道は、英検二級以上、またはTOEIC六五〇点以上で開かれる。

新聞などに載る募集広告では、児童英会話講師は「英検二級」または「TOEIC六五〇～七三〇」、成人英会話講師は「英検準一級」または「TOEIC八三〇～八五〇」あたりを応募条件にしていることが多い。

私は同志社時代、大学のアルバイト紹介で外国人用免税店のバイトをゲットした。自信なげに面接に行ったが、「英検二級持ってます」と言うと、同大先輩の店長は「それは頼もしい後輩や」と雇ってくださった。売り場では、最初はオタオタしたものの、慣れるにしたがい、外国人の前でもものおじしない度胸を身につけることができた。

もし、あなたが大学三年生以下ならば、第二章を参考にして、集中的な検定対策勉強を行なえば、就職活動開始に間に合う。英検二級を履歴書に書けば、貿易会社にもぐりこんで、貿易事務や営業という形で英語を使う仕事に就くことも可能である。

ほかにも、英検二級で開かれる職場としては、児童英会話講師やツアーコンダクターもある。ただし、労働条件はあまりよくない。だから、新卒でいい就職をゲットできなかったときのセカンド・ベストの道としておすすめしたい。

英語と旅行が好きなら、ツアコンはなかなか楽しい仕事だ。ただし、日当一万円未満でスタートして、数年しても一万五〇〇〇円、かなりのベテランになっても二万円程度だ。日当の低さと、契約社員という立場の不安定さがちょっと気にかかるが、若いころの数年間を過ごすのは、けっして悪くない。

ツアコンになれば、はなばなしく世界の国々を歩き、日本語ガイドがいないときには、もう有無を言わさず英語によるガイドの通訳をさせられる。トラブル処理のために、英語でケンカするシーンも出てくるし、現場体験をイヤというほど積めることは、体験者でもある私が胸をどんと叩いて保証しよう。ちなみに私は、ツアコンのハードな仕事にネをあげて、たった一五回でリタイヤしたという輝かしい過去を持つ。

だいたいニッポン国においては、実際に英語を使う場面がやたら少ない。国際化国際化ともてはやされるわりには、英語を使う職場の数は、世間が思うほど増えていない。

ところが、例外的に成長している分野、それが、ツアコンと英会話講師の職なのである。旅行ブームはツアコンの需要を増やし、英会話ブームは学習者を増やすから、結果的に講師の職場が増える。最近は、英語は子どものうちからという理論が幅をきかせているから、児童英会話講師の職はますます伸びることと思う。英語専門学校のいくつかは、もうちゃっかりと「児童英語教師養成コース」なんて学科を設けている。しかし、そんな所に行く必要はない。今の実力で採用試験を受けてみるといい。採用されれば、講師として必要なティーチング・テクニックを学校側から指導される。「お金を払う立場」から、「お給金をもらう立場」へと脱皮しよう。

私は、二四歳で英会話講師を一年半ほどしてみて、そのときの自分の伸びのすばらしさを体験している。「先生」と呼ばれるプレッシャーのもと、生徒の前でモデル・リーディングを日々やることになる。私が読んで、生徒がリピートするから、私は生徒の何倍もの英語を口にせざるを得ない。はっきりと断言しよう。あの一年コースの授業において、誰よりも英語の進歩をとげたのは、この私である。一年半ものあいだ、大きな声で、美しく英文を読み続けた結果、私の発話はとっても美しく滑《なめ》らかに磨《みが》きあげられたのである。

あんなに何度も同じ英文を読むなんて、時給二〇〇〇円をもらってなかったとしたら、怠け者の私がやるわけないもんね。年間一六万円を支払ってサボリサボリ通った生徒より、クラスあたり年間二五万円ほどの給料をもらって皆勤（仕事やもん）で通い続けた私のほうが、何倍もの教育効果を享受したのである。

そう、習うより働け、である。

第2章 留学せずに、通訳ガイド、英検一級、TOEIC 九五五点

1 通訳ガイドの資格を取るぞ!

2 新米ガイドのスリリングな日々

●ガイド試験合格までの日々●

● そして通訳ガイドに ●

思いがけない質問に振り回され…
はて？
Why are there a lot of white cars?
（なんで白い車ばかりなの？）
お国柄、土地柄の独特の英語にとまどい…
We have lots of スパイス
スパイスゥ？
むむ
そして…
外国には一度も行ったことありません
アメリカには何年住んでたの？
え!?
ほんと？

1 通訳ガイドの資格を取るぞ！

バスガイドのアルバイトにハマる

私に、なにかひとつ自慢できることがあるとすれば、それは、短期集中で通訳ガイドや英検一級の資格を取ったことだろうか。英語の実力そのものを比較するなら、プロの私のまわりには、私よりずっと実力のある人がたくさんいる。同業者のなかでは、自分を「英語のヘタなほう」と自認している。

しかし、留学経験なしに二三歳で英検一級と英語ガイドのライセンスを取り、さらに二九歳でスペイン語ガイドのライセンスを取ったという短期集中資格取得の実績だけは、ちょっとすごいかもしれない。

だからまずは、私の二カ国語習得のプロセスをご披露して、そのあいだに体得した言語上達のテクニックについて、まとめてみる。なにかの参考になれば幸いだ。

私の昔の英語歴をふり返ると、中学、高校時代、英語は得意科目だった。しかし、大学進学では、英文科には行くまいと思っていた。当時すでに英会話学校は存在していて、なにも大学で英語を学ぶことはない、英会話学校などで片手間にチョイチョイと学べばよいという意識があった。

同志社大学の心理学専攻に入学した私はすぐに、英会話学校のパンフレットを取り寄せ、「勉強したいから、授業料出して」と親に頼んだ。同志社大学の授業料が年間一六万円の時代に、英会話学校もまた一六万円していた。

父親の返事は、「アホか」のひとことだった。

勉強のためのお金なら出してくれるだろう、というもくろみはあっさりと裏切られ、私は英会話学校をあきらめた。そして、すぐに英会話のことは忘れ去った。

大学二年生になって、バスガイドのアルバイトを始めた。それを決めたとき、父が吹き出し笑いしながら言った。

「お前なぁ。車酔いするわ、方向音痴やわ、高校時代には歴史も地理も苦手科目やったわ。それでバスガイドか。あんまり他人様に迷惑かけるなよ」

アルバイトのきっかけをつくったのは父だった。父は大学に入ってから丸一年、毎晩遅くまで遊び歩く娘にキレて、「大学二年、四年の授業料は自分で払え」と言い出したのである。

人並み以上に浪費した覚えはない。しかし父の目には、経済観念のない、甘えたお嬢様と映っていたらしい。大阪商人の父は、小さな会社とはいえ経営者だったから、私はいわば「社長令嬢」だったのだ。うちの父は、一人娘を溺愛《できあい》するフツーの父親ではなく、高卒で地方から出てきて働いて、少ない給料のなかから親に仕送りしているけなげな社員たちと私を比べて、私の放蕩《ほうとう》娘ぶりに怒りを覚える人だった。

「二年生からは京都に下宿して、アルバイトして稼げ。そして授業料のぶんを貯めろ。そうでもしないと、お前に社会の厳しさはわかるまい」

とのたまった。

アルバイトの定番といえば、家庭教師、ウェイトレス、事務補助だった時代に、バスガイドはひときわ異彩を放っていた。だが授業料を稼ぎ出すとなれば、並のバイトより、実入りのいいバイトが必要だった。バスガイドは、三週間の研修を受けるというハードルがあったが、その後の日当はほかのバイトの五割増しくらいと有利で、それになによりおもしろそうだった。

そして、このバスガイドという選択は、私の生涯にわたる運命を決定することになった。

三週間の研修で、ぶ厚いテキストを暗記するのは大変だったが、いざ始めてみると、そのクリエイティブな仕事に病みつきになった。うっとうしい上司もいず、バス車内では私が女王様。マイクを持って京都の歴史や文化を説明する。ガイドのできがいいと、お客様は大喜び。だから準備は大変だけど、やり甲斐はばっちり。

お客様に喜んでもらって、自己顕示欲が満たされ、高額のバイト料も入る。大教室で気の抜けたサイダーのような授業を聞いているより、ずっとずっとエキサイティングだった。専攻の心理学を、私は本や講義からより、観光バスの車内でもっぱら実践的に学んだ。とりわけ爽快感を覚えるのは、車内の乗客をドッと笑いの渦に巻き込んだときである。

「みなさまぁー、ただ今右手に、同志社大学が見えておりまーす。こちらは、幼稚園、中学、高校、大学、大学院とございますが、なぜか小学校だけがありませんで、しょうがない（小が無い）学校だなぁ、などと言われておりまーす」なんて、ギャグを散りばめた案内をして、どんなお客がどんな所で笑うかについて、心理学的観察を楽しんだ。大学には毎日かかさず行ったが、バスに乗ったまま素通りして、授業をサボりまくっていた。

そう、私こそが「しょうがない」学生だったのである。

光輝くお姉様との出会い

アルバイトやサークル活動のおかげで、大学生活はとっても充実していたけれど、「片手間で学ぶ」はずだった英語のほうはほったらかしで、どんどんとサビついていった。

「ねえ、これ、英語でなんて言うんだったっけ？」と教室の机を指さし、友人にたずねた。

「えーと、テーブルかな」

「もうひとつ、なにか違う単語はなかったっけ？」

「うーんと、デスクかな」

そう、それそれ。私は、大学三年生の時点で、「デスク」という単語さえスッと出なくなっている現実に大ショックを受けた。学ぶスピードは亀のごとくなのに、忘れ去るスピードは超音速機並みなのだ。得意の英語で入試を突破したはずの友人と私は、大いに反省し、すぐに英検二級にチャレンジした。二次の面接テスト対策として、二人で試験官と受験者の役割を交代して模擬試験をしたりもした。

私と友人はいっしょに申し込みをしたので、受験番号も続き番号だった。二次試験のとき、「今日は、どうやってここに来ましたか?」と英語で質問されたので、「大学の友人といっしょに、電車で来ました。彼女は、この次にここに来るはずです」と答えた。

私の次にテストを受けた友人は、部屋から出てくるなり、こう言った。

「マリさん、いったい試験官となに話したの? 私、部屋に入るなり、『あなたは、志緒野さんの友人ですか?』と質問されて、びっくりしたじゃない」

突拍子もない質問をされたためにアガってしまったと彼女はボヤいたが、二人ともすんなり二級合格を果たした。

このころ、将来の進路について悩みながら、英語をブラッシュアップするために、近所の小さな英会話学校に通った。テレビで宣伝しているような学校は授業料が高いのであきらめていたが、近所に、老先生が一人でやっている小さな学校を見つけた。

もちろん、授業料は自分で出した。アメリカ暮らしが長かったらしいその先生は、自宅の一室に数人の生徒を集めて、自由に会話をさせる形式の授業をされていた。

そこで私は、あのお姉様と出会ったのである。大学四年生の彼女はなんと、すでに通訳ガイド試験に合格していた。通訳ガイド試験の当時の合格率は五パーセント以下で、英検一級と同等の難関だった。

「へぇー、すごいですね。何年くらい留学されたんですか?」

と聞く私に、彼女は言った。

「留学は、まったくしていないんですよ」

私はたぶん、鳩が豆鉄砲をくらったような顔で、しばらく口がきけなかったと思う。彼女は、そんな私のすっとんきょうなびっくり顔に優しく微笑んで、

「留学しなくても、一生懸命勉強すれば合格できるのよ」

と言った。

その光輝くお姉様は、同志社女子大の英文科の学生だった。そしてもう一人、英語のうまい男性がいたのだが、その人は京都大学の学生で、一年ほどアメリカに留学していたという。とても流暢《りゅうちょう》に英語を話す人で、語尾に「you know」とつけるのがカッコよく聞こえ、最初のうちは、「やっぱり、留学するとあんなに自然な英語が出るんだ」と感じて

いた。しかし、あとになって、こういう「ユー・ノウ」のような口語的な語尾を連発するのは、かえって会話の品位を損《そこ》ねるということを知った。

また、この授業ではなりゆきであれこれ話題が変わるのだが、光輝くお姉様は、早口ではないが、一定のスピードを保ったままに、とても冷静に適切な単語を選んで、格調高く内容のみっちりと詰まったことを話されているのに気づいた。

それに対して、京大のお兄様は、トピックによっては、語彙力の少なさを露呈し、窮地に追い込まれると、「ユー・ノウ」を連発する頻度《ひんど》が増えて、彼の英語力が薄っぺらであることがバレてしまうようになった。

さて、二年生のときには好景気だった社会が、卒業を控えたころには、第二次オイルショックで大不景気に暗転していた。人生って、そんなもんだ。そして、大企業への就職が幻となっている現実を感じとった私は、京都の寺社で外国人観光客を案内している通訳ガイドさんにあこがれるようになった。

バスガイド＋英語という魅力的な仕事である。とはいえ、ドケチの父は、留学の費用どころか英会話学校の費用さえ出してはくれない。通訳ガイドになるのは夢のまた夢と考えていた私だったが、この光り輝くお姉様との出会いをへて、「よーし、通訳ガイド試験、やったろやないの」とチャレンジを決意したのであった。

たった三ヵ月の受験戦争

就職難ではあったが、徹底的に採用試験を受けまくって仕事をゲットした。予備校の事務員という、ごくフツーのお仕事だが、それでさえ二〇倍の競争率だった。

仕事の内容は、事務一般、お茶くみつき。お茶くみ当番が週に三回ほどまわってきたが、このお茶くみはハンパじゃない。お客様のお茶、講師の先生方のお茶、職員仲間のお茶、加えて、生徒用の給茶器の茶碗を数時間ごとに洗う。お茶くみ当番にあたった日は、一日の半分以上を炊事場で過ごしていた。

お茶っぱを急須に入れてると、先輩Aが来て言う。

「あらあなた、なにしてるの。お茶っぱは、もっとたくさん入れなくっちゃダメよ」

お茶っぱを追加して入れていると、先輩Bが来て言う。

「あらまあ、そんなにたくさん入れちゃダメよ。もっと少なくていいのよ」

私は、お茶っぱを入れたり出したりしながら、「いったい私はなにやってんだぁ」と情けなくなった。

予備校の仕事を一日も早く辞めたかった。しかし、辞めることができる唯一の道は、通訳ガイド試験に合格することである。そうでなく仕事を辞めたら、私の将来は見合い結婚の末に退屈な主婦業におさまるくらいしかない。「退屈」と「平凡」が大嫌いな私には、このチョイスは考えられなかった。

もちろん、もっとよく考えれば、そのほかの抜け道もあったのかもしれない。しかし、夢を実現させるために、私は意図的に自分自身を袋小路に追い込んで、「通訳ガイド試験に受かるっきゃない」と、自己暗示をかけていたのだと思う。

予備校の仕事は、卒業前の三月からスタートした。四月からは、英語学校のガイドコースを受講し始めた。火曜と木曜、午後六時から九時までの三時間。そして五月に入ると、「試験直前講習」が金曜日に開講した。このころから、七月末の一次試験に向けて、受験一色の生活になった。五月から七月まで、たった三ヵ月の受験戦争だ。

職場、学校、下宿は自転車で一五分で移動できる距離にあった。だからこそ選んだ職場であり学校だった。仕事が終わると、職場から下宿に自転車を飛ばす。受験生活にぜいたくは禁物とばかり、学生アパートにそのまま住み続けていたので、アパートには風呂はな

HOW TO LEARN ENGLISH 1

[検定試験合格の極意]

ポイント1 カコモン(過去問題集)の洗い出し

受験の極意は、大学受験も検定試験も同じ。その問題の傾向と対策をいかに要領よくたてられるかにある。だから過去問題集は最良のテキストになる。

ポイント2 カコモン取り組みの手順

まず、試験本番を意識して、制限時間内に解く。とくにTOEICは、時間内に全問題を解きあげるのが高得点取得のコツになるので、時間配分を工夫しながら一気に解く。

次に、採点をして、解説をじっくりと読んで、間違った理由について納得し、間違いが未知の単語やフレーズに起因している場合は、その単語を単語帳に抜き出していく。

試験直前には、その抜き出した単語やフレーズ、文法メモなどをきちんと頭にしまい込む。思うに、たいていの不合格者は、この頭にたたき込む過程に問題がある。問題集を解いただけで安心してはいけない。必ず、その内容を頭にたたき込んで、同じ間違いを二度と繰り返さないようにする。

ポイント3 **自分の実力を正しく認識して、教材を選び、計画をたてる**

もしまだ合格にほど遠い実力なら、テキスト問題集とゆっくりじっくり取り組んでいく。

英検なら、カコモンの「英検全問題集」と、テキストとしての「英検教本」のシリーズが各級別にある。TOEICの場合は、カコモンの代わりに「模擬試験」があり、また、TOEICの教本は、リーディング、リスニング、文法、単語などテーマ別、レベル別に出ているので、自分の弱点に合わせて学習できる。

ポイント4 **短期集中と強い動機が合格への近道**

半年ぐらい先の試験をターゲットとして問題集のペースを配分し、一日あたりの勉強量を測る。とくに直前の一～二ヵ月は、プライベート・ライフをすべて試験準備にささげるような意識を持って挑むこと。ほんの短い受験地獄の後で、予定通りに合格できたときの爽快感は筆舌に尽くしがたい。このあま～い蜜の味を一度知ったら、もうアナタは受験中毒になる。

く、当然ながら銭湯通いだった。帰宅するとすぐ風呂桶を持って家を出て、近くの食堂で夕食をとり、三軒先にある銭湯に寄って帰る。

あるとき、とあるレストランで、風呂桶を横に置いて夕飯をむさぼり食っていたら、「あれぇ、志緒野やないか」と、高校時代のボーイフレンドから声をかけられた。「コーヒーでも飲もうか」と誘われて、風呂桶を持ったままデートした。かなりカッコ悪かった。

なりふりかまわず、とにかく勉強時間づくりに精を出し、英語学校のある日でも一～二時間、ない日は三～四時間、毎晩必ず机に向かった。休日の勉強時間は試験が近づくにつれて伸びていき、最後の一ヵ月は一日一〇時間を超えることもあった。

志緒野マリ戦法、必殺単語斬り

語学習得で、たいていの人がつまづくのが、単語を覚えられないということだ。これをクリアするか否かが、成否を分けていると言ってもいい。私が二つの言語をマスターできたのは、単語を覚えるのが得意で、好きだったからにちがいないと思う。

私の極秘術を伝授しよう。

ポイント一　単語帳はお手製のものを

自分の勉強過程で出くわした、知らない単語、覚えようと思う単語をひとつひとつ書き入れていく。市販の単語集はダメ。

ポイント二　書きとめる項目は、英単語、発音記号、品詞、意味はひとつか二つ

単語帳には、その単語を見つけた英文の文脈での意味を書きとめる。ほかにもきわだって異なる意味がある場合は、それも書く。

ポイント三　ひたすら覚える

単語帳が役立たないという人は、この覚える過程に問題がある。単語帳は覚えるためのツールなので、覚えてこそ価値が出る。

ポイント四　覚える手順

・一〇ページくらいをユニットにして、まずはノートをニラミつけて頭にたたき込む。集中力で密度濃くやれば、一〇ページをとりあえず覚えるのに一〇分もかからない（注・

確実におさえる

全部覚えたら 修了のお花印をつける

JAPANESE

1 (n) 菊の花
2 (a) 驚嘆すべき、みごとな
3 (v) 行列する 並んで順番を待つ
4 (n) 地震
5 (n) ひび
6 (n) フライパン
7 (n) だじゃれ
8 (n) 撒き餌 所得
9 (n) 赤道
10 ( ) 茜色(の)
11 (n) 座薬 ◎
12 (n) 経歴 出世 (アクセント注意)
13 (n) 運送業者 保菌者
14 (n) ホッチキス
15 (n) アレルギー
16 (n) テーマ
17 (n) 出身者 @出生地の
18 (n) シラミ
19 (n) 象
20 (a) 空の

なかなか覚えられない単語に印をつける

ここには長いフレーズや例文を書く

この飲物は店のおごりです

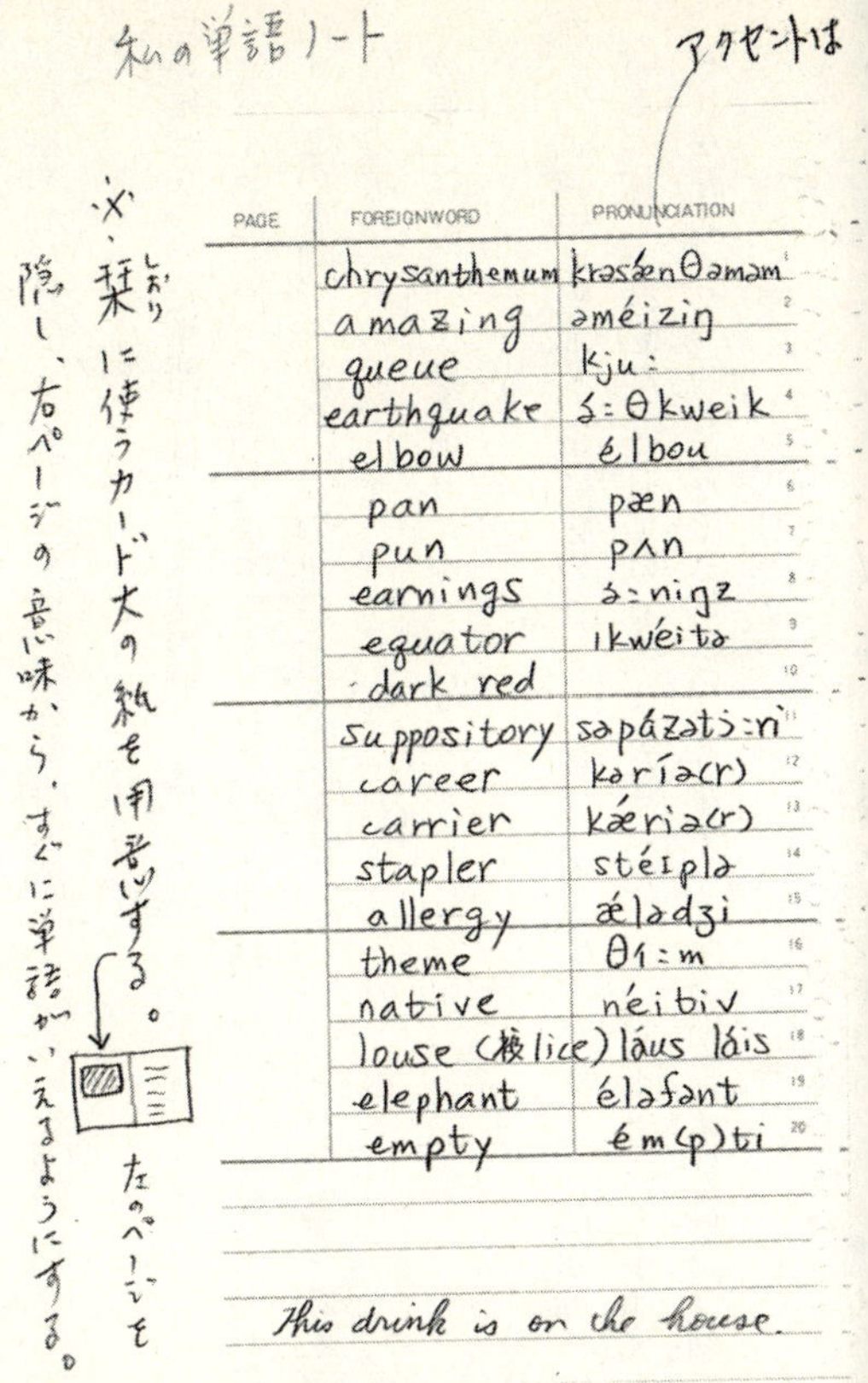
私の単語ノート

アクセントは

※、栞《しおり》に使うカード大の紙を用意する。

左のページを隠し、右ページの意味から、すぐに単語がいえるようにする。

PAGE	FOREIGNWORD	PRONUNCIATION
	chrysanthemum	krəsǽnθəməm
	amazing	əméiziŋ
	queue	kjuː
	earthquake	ə́ːθkweik
	elbow	élbou
	pan	pæn
	pun	pʌn
	earnings	ə́ːniŋz
	equator	ikwéitə
	dark red	
	suppository	səpɑ́zətɔ̀ːri
	career	kəríə(r)
	carrier	kǽriə(r)
	stapler	stéiplə
	allergy	ǽlədʒi
	theme	θíːm
	native	néitiv
	louse (複 lice)	láus láis
	elephant	éləfənt
	empty	ém(p)ti

This drink is on the house.

最初は数ページ単位でゆっくりやるといい)。

・カード大の紙をしおりにしておいて、それで左の単語のページを隠し、右ページの日本語を見て、その英語を思い浮かべる。スペルを視覚的に浮かべて、同時に発音の音読をする。電車なんかでは声を出せないから、頭のなかで発音してみる。

・ちゃんと浮かんだら、カードをずらして英単語を見て、スペルや発音の正否を確認する。とくに、アクセントの位置は確実にインプットする。

・思い出せなかった単語には、日本語の欄になにかのマークをつける。

・一〇ページ進んだら、最初に戻ってくり返す。三度目は、マークつきのものだけを思い出す。この要領で一〇ページの単語を完全に覚えたら、ページの上に修了の花マークをつけて、次の一〇ページに進む。

・試験直前は、これを書き取りでやっていく。

ガイド試験用に勉強した単語帳の各ページには、修了マークの花マル印が五〜一〇個並んでいる。覚えては忘れ、忘れては覚え、また忘れたら再び覚えるという手順をくり返して、それが五回、一〇回と重なると、私のようなデキの悪い脳ミソにも単語は刻《きざ》みこまれていく。

このやり方で刻みこんだ単語の定着力はかなり強い。めったに使わないけれど、「ああ、この単語、ガイド試験のときに覚えたなあ」と思い出せる単語は、二〇年たった今でもかなりある。

はっきり言って、英単語の暗記というのはかなり退屈な作業だ。しかし、成否の分かれ目は、この作業を好きになれるかどうかである。これが好きになれる人間なんているはずがない？　そう考えたら、あなたは凡人以上のことはなにもできずに一生を終えるだろう。好き嫌いもセルフ・コントロールができる。英語をマスターしたいなら、好きになってもらいたい。

私はある時期、パソコン・ゲームのパックマンにはまって、毎日一時間くらいやっていた。少しでも点数をあげたくて躍起になった。そう、あのゲーム感覚を単語覚えゲームに持ち込めばいいのである。毎日毎日同じゲームをくり返すなんて、冷静になってみれば単純でアホらしいことなのに、ハイスコアを出そうとついのめり込み、人生の時間をムダ使いしてしまう。その時間とエネルギーを単語帳に向かわせるのだ。

電車に乗るたびに一〇ページ覚えるようにすればいい。一〇ページを覚えるのにかかる時間が、はじめは三〇分だったのが、やがて二〇分になり、一五分になり、一〇分になっていく快感は、パックマンで点数が上がっていく快感と共通している。

仲間と競争するのも手である。私は高校時代に、初恋の彼の部屋でよく単語覚え比べをした。サイモン&ガーファンクルのレコードを聞きながら一〇ページずつ覚えて、単語帳を交換して出題しあった。

たいていは私が勝つのだが、すると彼がとってもくやしそうな顔をする。

「くそーっ、なんでそんなに早く覚えられるんやぁ。憎たらしい女やなぁ」

そのくやしがる顔を見たくって、私は大いにハリきったものだ。もっとも、ご家族からは、「二階のあなたたち、えらく静かだったわねぇ。話し声もほとんどしないし……」と、あらぬ疑いをかけられてしまったが、私たちは、清く正しく単語を覚えていたのである。いやホンマ。

高校時代は、ビートルズを聞きながら単語を覚えるのが大好きだった。音楽で右脳を刺激すると、言語活動をつかさどる左脳の働きも活発になるそうで、音楽を聞きながらの単語覚えは、科学的にも効果があると最近知った。

おかげで、単語とともにビートルズの音楽が脳裏に刻みこまれ、今なおビートルズのスーパーイントロ当てクイズには自信がある。

不合格はやる気のモト

大学四年生のときには、通訳ガイド試験も英検一級も、あっさりと不合格だった。

働き出してからは、「なぜ、あの時間のたっぷりあった学生時代にもっとやらなかったのだろう」と、自らの怠惰さを呪いながら、フルタイムで仕事をしつつ、猛烈に勉強した。

それでも、春の英検一級に落ちたときには、不合格通知を握りしめてくやし泣きした。「ちくしょう。こんなにやってもダメなのか」って、嗚咽《おえつ》した。

でも、今から思えば、あのくやしさが最後の追い込みのパワーを与えてくれたと思う。

友人に、数回不合格になった人がいるが、歴代の不合格通知を壁に並べて張って、「なにくそっ」との思いを忘れないようにしたという。いちばん新しい不合格通知は、問題集のしおりに使っていたというから、モノの使い方の上手な人だと感心してしまう。

そう、不合格はやる気のモトなのである。

その後の一ヵ月余りの猛勉ぶりは、自分がやったこととは思えないくらいすごかった。

私は自分自身の気質を、「短期集中型」と認識していた。ある短期間を猛烈にやることには強いが、そこで成果をあげないと、やる気がめげて長続きしないタイプである。だから、チャレンジに費やす時間は一年半以内と想定していた。英語学校は四月から三月までの一年コースだったので、その次の年の夏には遅くとも合格せねばならない。できればその年のうちに受かりたい。そしてお茶くみから解放されたいと念じていた。

試験直前のある休日のこと、朝から晩まで単語帳の書き取り作業をしていた。右手の中指で成長し続けていたペンダコが痛くて痛くて、とうとうシャーペンを持てなくなった。「どうしよう。もう書くことができない」と思うと、お先真っ暗な気分になった。

しかしふと思いついて、ばんそうこうを指に巻くと、ウソのように楽になり、また書き取り作業を続けることができた。

無心に無心に、ただひたすら書き取っていて、ふと気がつくと、その日に使い始めたレポート用紙をまるまる一冊、真っ黒に埋め尽くしていた。ただ机に向かっていただけではない。ものすごい気迫で、黙々と単語を覚えていたのである。

鬼気迫り、妖気漂《ただよ》う日々だった。もっとも、長い人生のうちのほんの一ヵ月くらいのことだが。

試験直前には、単語帳すべての数千語を、ほぼ完璧に頭のなかにしまい込んでいた。そうして私は、たった三ヵ月の受験戦争の末、奇跡的な合格を果たしたのだった。

光輝くお姉様との出会いから二年後のことだ。

ガイド試験は、一次のペーパーテストが最難関で、合格率は一割以下。二次の面接試験については、人物考査も含めての試験で、合格率は五割以上。日本の歴史や文化を問う三次試験は、一度失敗しても、翌年もう一度、三次試験のみを受験できるし、合格率もかなり高い。三つの試験すべてに合格する確率は、英語の場合は五パーセント以下だった。

あのころ、私からさんざん職場の愚痴を聞かされた友人らは言う。

「怠け者のあんたが合格できたのは、職場がイヤでイヤでしかたがなかったからよ。イヤな職場にあたって本当によかったわねぇ」

ガイド試験の合格発表の日に予備校を辞めた。上司に辞意を告げたときの、あの爽快な気分は一生忘れない。過去をふり返って、人生最良の日はいつだったかと自問すれば、やはりそれは苦難の末に合格を手にした日だったと即答できる。

HOW TO LEARN ENGLISH 2

[いい学校の法則]

ポイント1 **継続しやすい環境にある**

学校の善し悪し以上に成果を左右するのが、通い続けるかどうか、という点である。だから、通いやすいロケーションは重要なポイントである。

ポイント2 **英会話か資格系か。自分のニーズに合うモノを選ぶ**

私のお勧めは資格系のコースである。「英検対策クラス」「TOEIC対策クラス」などのほうが、目的が明確なぶん、伸びに直結できる。英会話は、多くの場合、アフター・ファイブの趣味に流れてしまう。

ポイント3 **テレビCMとチェーン規模の分析**

テレビCMが派手で有名な学校は、いい学校だろうか。私は違うと思う。テレビCMの料金はものすごく高い。あの膨大な宣伝費用は、生徒の出した授業料から払われていることをお忘れなく。また、多数の学校をチェーン展開している学校がいいかというと、それも違う。なぜなら、授業を成立させる要素は、生徒と先生である。チェーン校の数が増えれば増えるほど、先生の質をコントロールするのが難しくなる。

私が京都YMCAを選んだ理由は、京都で唯一、ガイド・コースを持っていたことと、また下宿と職場から近く、自宅での勉強時間をフルに活用できるからだった。ガイド・コース受講には、入試をクリアする必要があった。ある一定レベル以下の生徒は入れない、という姿勢がじつにいい。このときのクラスが最高の環境を提供してくれたことを神に感謝したい。

いい学校とはなにか。それは、先生と生徒の両方がよくなければならない。四つの科目のうち、もっとも受験に直結して役に立った西村先生の授業は、いわゆる予備校的な合格の秘訣をばんばん教えてくれる授業だった。生徒さんがまたすごかった。私が密かに「花のミセス・トリオ」とアダ名した、三人のオバサンの熱気がキワだっていた。主婦の毎日のフラストレーションのありたけを、この試験にぶつけているかのようで、もう先生がたじろぐほどの質問攻め。終了時刻を大幅に過ぎることも多く、ビルの守衛さんがしびれを切らせて、「まだ終わりませんか?」とやってくるまで熱気むんむんの授業が続いた。ときには喫茶店に移動して勉強したこともあった。そう、いい学校とは、いい先生に加えて、いい生徒さんに恵まれたところなのだ。

2

新米ガイドのスリリングな日々

駆け出しガイド、奇抜な質問にふりまわされ

夢にまで見たガイド試験に合格した私は、ライセンス（通訳案内業免許証）を手にした。

さっそく旅行会社に登録して、仕事を始めた。資格は取ったものの、英語の実践的な経験などほとんどない状態で、プロのガイドでござい、とお客の前に出て行くのである。今から思い出しても、冷や汗タラーリだ。

スピーキングのほうは、その日に話す内容を想像し、前もって英語で作文をして暗記するという下準備で、ある程度はなんとかなる。もっとも、その作業量はかなりのものだ。

プロとしてやっていけるかどうかという瀬戸際におかれて、女の自立を賭《か》けて自らを叱咤《しった》激励していたからこそ、こなしていけた量だったたと思う。

初仕事は、かなり強烈だった。京都、奈良、伊勢をまわる四日間のツアーで、お客は五〇歳くらいのアメリカ人夫婦と、日本人商社マンが一人。私は、訪問予定のすべての寺の説明を英語で練習し、暗記した。また、伊勢と鳥羽《とば》をめぐる定期観光バスに乗って下見までした。

ミキモト真珠島では、真珠貝の核入れ作業のデモンストレーションをしてくれるが、その説明などは、四苦八苦して覚えた。

「ドブ貝を機械でカットしてつくった球状の核を、アコヤ貝の外套膜《がいとうまく》を小さく切ったピースとともに、アコヤ貝の卵巣に挿入します」なんて、舌をかみそうになる説明を英語で覚えた。移動のバス車内では、バスガイドさんの説明をメモって、それらを英語で言えるように準備し、小さなカンニングノートに整理していった。

説明内容のほうは、こうして予習可能なのだが、問題はむしろリスニングのほうだ。

初仕事のとき、アメリカ人の奥様がこう言った。

「私はね、子どもが三人いるの。主人には四人いるのよ」

「？？？　うーん、なんで夫婦なのに子どもの数が違うんや。理解できん。きっと聞き違えたんだ」と私は、自分の能力のなさに落ち込むのだった。しばらくあとで、「これはハネムーンなのよ」と言われて、聞き取りは正しかったとわかった。当時二三歳の私の常識では、離婚して再婚した五〇歳の新婚カップルという存在は予想だにしなかった。リスニングに苦労するのは、この「予想だにしない」内容ゆえ、聞き取れないという点だ。違う文化と常識を持つ外国人観光客からの奇抜な質問にふりまわされた。
「なぜ、鳥羽湾のあの小さな島々に松の木が生えるのか？」
「？？？」（答＝日本は降水量が多い。このお客は、砂漠ばっかりの国から来た）
新幹線で東京から京都へ移動したあとには、こんな質問も受けた。
「なぜこんなに町が続くのか？」
「？？？」（答＝日本は人口が多い。フツーの国の場合、町と町の間は荒野が広がる）
「なぜ、白い車ばかりなのか？」
「？？？」（答＝当時、車は白が人気で、横並び意識の強い日本人はみな白い車を買った）
「なぜ、レストランの竹やぶに熊がいるのか？」
「？？？」（答＝信楽《しがらき》焼のタヌキの置物が、彼らの目には熊に見える）

初期のころは、こういう「予想だにしない」質問があるたびに、聞き違えたのではないかと悩んだ。内容が自分の常識からかけ離れていると、すこぶる聞き取りにくい。

こうした「予想だにしない」質問に翻弄《ほんろう》され、苦しみながら、私は少しずつ聞き取り能力をアップさせていった。

英語さまざま、聞き取り地獄

リスニングのもうひとつの苦労は、相手の英語が完璧とはかぎらないという点である。英会話学校のネイティブ講師の話す言葉だけが英語だと思ったら、大間違いである。世界には、星の数ほど異なる英語がある。

私が今までに接したお客の数は四万人ほどだが、国はといえば、英語圏諸国はもちろんのこと、フランス、イタリア、ドイツ、オランダ、ベルギー、ポーランド、フィンランド、スウェーデン、ノルウェー、デンマーク、ギリシャ、イラン、イスラエル、シリア、サウジアラビア、オマーン、UAE、南アフリカ共和国、ケニア、ナイジェリア、カメルーン、ナミビア、ボツワナ、アンゴラ、タイ、ロシア、インド、ネパール、マレーシア、フィリピン、シンガポール、ベトナムなどなど、数えきれない国の数である。相手の英語の習熟レベルも人それぞれで、英語とは思えない英語に顔面蒼白となったことも多い。

オーストラリアの訛《なま》りもきつい。日本には土地が少ない、という話をしたとき、お客は叫んだ。

「ウィ・ハブ・ロッツ・オブ・スパイス」

「ん？　土地問題とスパイスがどう関係するのだろう」（答・スペースがナマっていた）

よくジョークで、「アイ・ゴー・トゥー・ザ・ホスピタル・トゥ・ダイ」（「病院に死に行く」。トゥデイが訛ってトゥ・ダイに聞こえることから）と言うが、オーストラリア英語では、本当に見事に「エイ」が「アイ」に聞こえる。単語だけではない。彼らのABCは、「アイ・ビー・シー」になっている。

あるオーストラリア人は、日本に来る前に、仲間にこう言われたそうだ。

「日本では、とにかく『月曜日の夜』と言っていればいい」と。

「月曜日の夜」？（答・マンディ・ナイトは、オーストラリア風に訛ると、モンダイ・ナイトになる。つまり、「問題ない」という日本語のつもりらしい。ノー・プロブレムのひとことで海外旅行する日本人の逆バージョンだ）。

お国ゆえ、という以上に影響するのが、都会か田舎かというポイントだ。

過去、もっとも聞き取りにくかったのが、ニュージーランドの船外機と、スペインのトラクターのディーラー・トリップ（日本企業の代理店オーナーの招待ツアー）だった。船外機やトラクターがいい商売になる、つまり、ニュージーランドやスペインの超ド田舎の漁村や農村からのお客なのである。

昼食のとき、ニュージーランドのお客が私になにかたずねた。三回聞き返しても理解できない。見かねて、隣のお客が英語から英語に通訳（?）してくれたのだが、その英語は「フェア・ディド・ユー・スタディ・ユア・イングリッシュ?」という、もっともよく聞く質問だった。しかしどう考えても、どうひん曲げて聞いても、そうは聞こえんかったぞ。

生活習慣の違いが、聞き取りづらさをさらに助長させることもある。アメリカ南部の団体と東京の地下鉄に乗ったとき、ある女性がえらくうれしそうにしているので思わずたずねた。

「そんなに楽しいですか」

「ええ、もう最高！　だって地下鉄に乗るなんて生まれて初めてなんだもの」

「じゃあ、いつもはなにに乗ってるのですか。あ、そうか、車ですよね」

「車も乗るけど、いつも乗ってるのは、やっぱり馬だわね」

日本では想像がつかない暮らしぶりだ。都会と田舎の文化落差は、ときとして国が違う以上に大きいことがある。英語と日本語の差に加えて、地方訛りの問題、そしてまた生活感覚の違いゆえ、コミュニケーションのギャップは並みたいていではない。

駆け出しのころは、丸一日観光して英語漬けになり、悩ましい英語の聞き取りと、奇抜な質問の謎解きで頭はフル回転を続けて、夕方にはオーバー・ヒートして、煙がモワーッと出てくる。もうイヤ、もう英語を聞きたくない、というくらいに疲弊《ひへい》してくる。

そんなときお寺で、「ここで靴を脱いでください」というべきを言い間違えて、「ここで服を脱いでください」と言ってしまった。相手は目をパチクリさせていた。

別れ際に、「今日はお疲れさん。君にとっては長い一日だったろう」と言われたのが聞き取れず、適当に「イエス」と答えて、相手の顔色が変わったこともある。相手が期待していた答えは「ノーノー。とんでもない。とても楽しい一日でした」だったのに。「イエス」と「ノー」は慎重に使い分けなければならないと学んだ瞬間だった。

ほかにも、小さな失敗は山のようにある。聞き取れずに、ジャパニーズ・スマイルでうやむやにしたことも数えきれない。しかし、ガイド稼業は人間相手の仕事だから、私がとにかく一生懸命に仕事をしている姿はお客にも伝わるようで、下手っぴの駆け出しガイドはとくにクレームをつけられることなく、しだいにキャリアを積んでいった。

「ババ抜きのババ」仕事で、ウルトラ早起き

幸いだったのは、最初のころは、ご夫婦を空港に送迎するという簡単な仕事が六割をしめていたことだ。実動はほんの二時間ほどだから、準備勉強をする時間にはしっかりと恵まれていた。

駆け出しには、先輩がイヤがるような「ババ抜きのババ」的な仕事がまわってくるものだが、あの当時の私には、早朝や深夜の空港送迎がよくまわってきた。

朝の四時にタクシーを探すこともあった。当時の私は京都市南部のアパート住まいで、タクシー会社の車庫が近く、朝の四時というと勤務交代の時間帯になり、タクシーは山ほど通っているのになかなか停まってくれない。道路に身を乗り出し必死で手を上げてやっと停まってくれたタクシーの運転手は、ドアを開けるなりこう言った。

「どうしたの、こんな時間に。彼氏とケンカして追い出されたの?」

五時ごろになるとタクシーはすぐにつかまったが、「早いご出勤？　それとも遅すぎるご帰宅？」と、朝帰りの不良娘にされてしまう。また、私をホテルの従業員だと勘違いするタクシーも少なくなく、目的地のホテルの従業員用裏口に車をつけられたことも何度かある。あわてて、「私はお客よ。正面玄関につけてちょうだい」と叫んだりした。

朝が早いのはつらいが、その代わり、ホテルから空港へとお客を見送って、朝の八時にはもう、その日の仕事を終えてルンルンと帰途につくことができた。フツーのOLたちが出勤ラッシュにもまれている電車で、私は「ああ、今日も一日疲れたなぁ」と言いながら、のんびりご帰還、そして残された一日の時間を勉強に費やすのである。

この空港送迎の仕事は、生きた英語のすばらしい訓練になった。ハイヤーで京都のホテルから大阪空港に行く一時間、あれこれとオシャベリしていく。駅前留学なら高い授業料を払って会話するのだが、これは日当をいただきながら会話するというぜいたくさだ。

もっとも、仕事なので失敗は許されないという緊張感がある。しかし、これがまた、学習効果を上げてくれる。お金を払ってお客として学ぶ会話学校の一〇倍くらいの緊張と下準備を強いられるから、英語の力も一〇倍の効率で身についていく。

「ユー・スピーク・イングリッシュ・ベリー・ウェル」は、仕事の初日から言われた。しかし、言ってくれるタイミングが悪い。朝のあいさつくらいしか話してない段階でこれを言われると、嬉しいというよりメゲてしまう。

そのうち、私が何か複雑な説明をとうとうとしたあとで、こう言われるようになった。

「ユア・イングリッシュ・イズ・ソー・グッド」

「ユア・ボキャブラリー・イズ・アメージング」

まあ、セリフはいろいろだが、このタイミングでほめてもらうことで、私は少しずつ、自分の英語に自信をつけていった。

しかし、半年ほどが過ぎて、まあまあたいていのことが楽に表現できるようになったころには、相手は英語をほめてくれなくなった。私が英語ができるのは当然という感じになって、ほめてくれなくなる。

そして、「アメリカには何年住んでいたの?」という質問を初めて受けて、「外国には一度も行ったことがありません」という私の答えに、相手が「アンビリーバボー!」と叫んでくれたとき、「ああ、ようやく英語を話せるようになったのだな」と思った。

長年住んでも、なぜ話せない

通訳ガイドの仕事をしていると、海外駐在の日本人と会うことが多い。彼らが、海外支店のお得意様に同行して日本にやってきて、京都観光をするようなとき、私たちガイドが駆り出される。一九八〇年代は、自動車や家電メーカー、そして商社マンたちの駐在がさかんになったころだった。そしてやがて気づいたのが、海外駐在数年ですばらしく上手に英語を話す人も多いが、何年住んでもあまり上達しない人もまた多いということだ。

お得意様を連れて京都にやってくる海外駐在員が語学の達人だったなら、ガイドの私の旗色が悪くなる。その日本人に比べて私の英語がお粗末に聞こえるのだろう。そんなときの外国人は、「それでもあなた、英語のプロなのぉ?」と私を見下しているようで、冷ややかな視線を感じてしまう。反対に、その駐在員が、一〇年その国に住んでいても、ブロークン英語しか話せないような場合は、私の株がぐーんとあがる。

最初にこれを体験したのは、ニューヨーク在住一〇年なのに、かなり英語のヘタな日本人が来たときだった。アメリカに住んだことがない私が彼よりずっと上手に英語を話すので、同行のアメリカ人はみな、私のことを「語学の天才だ」とほめたたえた。

あるとき、スペイン語ガイドとして、機械メーカーのメキシコ人団体と旅をした。そのときいっしょだったメキシコ支社長のスペイン語は、五年も住んでいるとは思えない、筋金入りのブロークンだった。彼は、スペイン語学習者を悩ませる、動詞の活用を完璧に無視していた。

スペイン語は、動詞の形が主語により「私、君、彼、私たち、君たち、彼ら」の六つに変化する。さらに時制により「現在、未来、点過去、線過去、過去未来……」と、大ざっぱに数えて計一三の活用パターンがあるので、ひとつの動詞につき、六×一三＝七八個もの活用形がある。

こんな面倒くさい「活用」のお勉強、忙しい社長業の合間にちんたらやってられない。だから、スペイン語圏に駐在する運命になった人の多くは、ある程度のブロークンを容認する。基礎をしっかりしないから、何年たってもブロークンなままである。しかしまた、そのブロークンな言語で、十分に仕事はこなせるのだ。

なんたって彼は社長だ。どんなにひどいスペイン語で話しても、社員は誰も文句は言わない。社長が「活用」を覚えるより先に、社員が社長のスペイン語の「クセ」をマスターしてしまうから、業務に支障はないのである。

私は、メキシコ支社長のスピーチに聞きほれた。
「ええぞええぞ。ここまで活用を無視したら、さぞかし気持ちええやろうな
学生時代、さんざん私を悩ませた、あの怨念のこもった活用形を無視して話す社長と、そのスピーチを黙って聞いて理解する社員。なんか、必殺仕事人がお仕置きする瞬間のような快感を覚えるスピーチだった。
私がなにか話すと、メキシコ人が「すごいっ。日本人にもちゃんと活用ができる人がいるのか」と、感心する。おかげで私はこのツアーじゅうずっと、四〇名のメキシコ人から「語学の天才」として女神のように崇拝されたのだった。

POINT!

駐在員のスピーキングが伸びない理由

その国に住んでいるのに、なぜスピーキングが伸びないか。答えは簡単。インプット作業を怠《おこた》っているからである。外国に住むメリットと言えば、生きた言語のシャワーを毎日浴びられる点が大きい。しかし、浴びたシャワーを自分のモノにしなければ、自分が発する言語はいつまでたっても進歩しない。

第3章 スペイン語、ABCから通訳ガイド試験まで四年半

1 スペイン語マスター・プロジェクト発動！

2 いよいよ、あこがれの留学体験

●スペイン語をマスターするために…●

●ガイド兼女子大生のデンジャラスな生活●

●超刺激的(?)なメキシカンライフ●

●スペイン語のガイド試験にチャレンジ●

1 スペイン語マスター・プロジェクト発動!

一からスペイン語

通訳ガイドの仕事をするうちに、世の中には英語を話せる人がたくさんいると知った。商社マン、メーカーの海外事業部のエリート・サラリーマンたちは、大学で英語を学んでいなくても、流暢に英語を話す。だから私は、これからの世の中、語学のプロとして食べていくには第二外国語が必要と思うようになった。

英検一級の二次試験会場で出会ったアヤシイお兄様が、私に新しい道を示してくれた。彼は二八歳にもなってまだ学生をしていた。しかし、ちゃんと経済的に自立していた。

「英会話学校でアルバイトするんだよ。夜に数時間働くだけで、なんとかやってけるよ」

と、とっても貧乏そうな彼は、その生活ぶりのあれこれを説明してくれた。

これがヒントになって、私は第二外国語マスター・プロジェクトに着手した。

そのレールを敷くまで半年がかりだった。

秋から英会話学校の講師の仕事を始めた。一八歳のとき、父親が授業料を出してくれなかったから断念したあの学校である。英検一級、ガイド試験という資格がモノを言って、海外経験ゼロの私も文句なく採用試験をクリアした。秋から、ためしに一クラスを担当し、翌春からは四クラスになった。日に三時間で週に四回教えて、月収が一〇万円。当時の初任給レベルである。

そして、大阪外国語大学のイスパニア語学科に学士入学した。なぜまた大学に入ったかというと理由は単純で、授業料が安かったからである。あのころ、会話学校でスペイン語を学ぶ授業料が年間一六万円ほどなのに対して、国立大学は一四万円だった。それなら、値段も安くて、しかも将来履歴書に書くときに見栄えがする国立大学のほうが値打ちがあるというものだ。

「値打ち」がある、というのはまさに大阪的経済感覚である。父親は根っからの「儲かりまっか」商人であるから、私にはこの大阪的経済感覚が染みついていた。

もうひとつ理由がある。人には、それぞれ適したラーニング・スタイルというのがある。私は、ネイティブの講師が口伝えしてくれる音では、単語をイメージできない。スペルが見えないと記憶にとどめることができない、典型的な視覚型人間である。

また、もともとは理系人間なので、文法のように、理論的に理屈が通るものをいじくるのは大好きだが、暗記は大の苦手だ。だから、文法をきちんと教えてくれるところがいいと考えて、大学を選んだ。

幸い、大阪外大には学士入学制度というのがあり、共通一次試験が免除され、二次の英語と小論文のみの入試だった。単位については、一般教養科目は免除され、三年間で卒業できる制度である。

冬場のシーズン・オフに一応受験勉強して、合格を果たした。

貧乏だった。重かった。

第二外国語マスター・プロジェクトがようやく軌道に乗った。

京都のアパートを引き払って、大阪に戻る。

もっとも、実家ではなく、祖母が経営していたオンボロ・アパートにころがりこんだ。外大からはとても便利な場所にあった。それになんといっても、孫には甘いおばあちゃんである。三万円くらいする家賃を、父は「ちゃんと払え」と厳命していたが、おばあちゃんは、(父には内緒で)五〇〇〇円にしてくれた。

月収が一〇万円あるとはいえ、大学の授業料も自分で払っていたから、外大時代はとってもとっても貧乏だった。自分のまわりの二四歳から二七歳くらいの友人たちが、人生でもっともリッチな時代を過ごしていたから、貧乏がよけいに身に染み、自分のみじめさがキワだってしまう。

友人たちは、自宅から会社に通う「独身貴族」ばっかりだったので、ボーナスで高級なワンピースを買ったとか、旅行に行ったとか、そんな話題が中心の時期なのだ。

私は、友人との食事のときは、会うなりいつもこう言った。

「えーと、貧乏学生のために、二〇〇〇円以内の予算でお願いね」

羽ぶりのいい友人は、本人がおいしいモノ食べたさに高い店に行きたがることもあったが、そんなときは「学割にしてあげる」と差額をおごってくれたりした。

友とはありがたいものだ。

外大時代のもうひとつの思い出は、重いでぇーだった。

昼間はスペイン語を学び、夜は英語を教える。つまり、スペイン語と英語の辞書を、和英、英和、和西、西和の計四冊、持ち歩いた。これが重い。

英会話学校で、週に四クラス担当させてもらえたのはありがたかったけれど、四クラスの科目がすべて違った。

成人会話の基礎と初級、そして中学二年と三年の会話クラスの四つだが、当然テキストもすべて違う。それぞれB五判サイズで、厚さ数センチの本が各三冊もあり、全部のテキストを積み上げれば、高さ三〇センチくらいあったと思う。

腕がちぎれそうになりながら、これらの本と辞書を持ち歩いた。

外大は、私が入学してすぐ、大阪の中心部から郊外に移転した。これは、私にとってかなり手痛い計算違いだった。私のアパートから大学まで一時間半かかる。茨木《いばらき》の英会話学校までも一時間半。だから私は毎日、一時間半のルートで三角形を描くように通勤通学したのだった。京都のYMCA時代は一五分の三角形だったが、大阪外大時代は一時間半の三角形にふくらんでいた。

大学のスペイン語の授業の予習、そして英会話学校のテキストの予習で、家にいる時間はほぼつぶれ、それでも足りず、予習の大半は移動の電車のなかでやるしかない。

もしあの当時、目を釣り上げて阪急電車や地下鉄で辞書をひきまくっていた可愛い女の子に覚えがあったら、それはきっと私だったと思う。

だって、そんなことしてる人、ほかにいなかったから。

ポケベル女子大生

もっとも、この苦しい生活は一年でやめた。ガイドの仕事に復帰したかったので、英会話学校は辞めて、割のいい家庭教師とガイドの二本立てに変えた。

通訳ガイドの仕事は、当時の日当が一万五〇〇〇円から二万円になるから、年間六〇日こなせば同じ収入が稼げるのだ。もっとも、ガイドの仕事は夜間の講師と違って時間帯が不規則で、大学の授業と重なることも多い。

一年生で基礎文法をするから、一年間は一〇〇パーセント皆勤して、細大もらさず文法知識を身につけた。そうして基礎文法さえマスターすれば、あとの授業は少しくらいサボっても大丈夫なのだ。サボりの要領は同志社時代に磨きに磨いたからお手のモノである。

二年生からは、こういう年間作戦に出た。まず、四月から夏休みまではそこそこ真面目に授業に出て、質問しまくって先生に名前を覚えてもらい、前期試験をばっちりおさえる。そして夏休みから秋にかけては、ガイドの仕事で稼ぎまくって、シーズンオフの冬場に勉強の遅れを取り戻す。

ガイドの仕事は、旅行会社のガイド担当者からの電話依頼でひとつひとつ受けていく。ほとんど自宅にいない私は、ガイド担当者に授業の時間割を渡しておいて、仕事が発生したときにはポケベルで呼び出してもらった。

そう、私は一九八〇年代のポケベル女子大生のハシリだったのだ。

あの当時のポケベルというのは、じつにブサイクで単純なものだった。電話がかかればピーピーピーピーピーとけたたましい音で鳴り響くだけである。メモリー機能もなく、音量調節もできない。ベルが鳴ると、私はあわててバッグに手を突っ込み、その音を止めるしかない。連絡できる相手も一件のみにかぎられる。

今は、生徒の携帯電話に悩まされている大学の先生がただが、あの当時の先生は、ポケベルの存在さえ知らない人が多かった。

ピーピーピーピー……

「あれ、なんの音でしょうかねぇ」と、教授A。

「あれ、今日は、避難訓練なんかなかったと思うが」と、教授B。

一人だけ世情にたけた先生がいた。

「誰やぁ。ポケベルなんか持ってきてる人は」

「すみません。私です」

「なんや、デートの約束か」

「いえ、仕事です」

「仕事か。それやったら、はよ電話してきなさい」

コールバックは当然、授業のあとにしていた。まあ、学士入学の私が生計立てながら勉強していたのは教授たちもご存じだったので、ポケベル公害も大目に見てもらっていた。

しかし、しーんと静まりかえった期末試験のまっ最中にドハデに鳴り響いたときには、あまりのことに教室じゅう大爆笑になった。

クラスメートのみなさんには迷惑かけました。すまんことです。

スピーキングを伸ばす

大阪外大で私は、一年生で基礎文法、二年生では、退屈で床にめり込みそうになる講読を通じて、読解力をじわじわと伸ばした。

文法も講読も、授業内容にはほぼ満足していたが、ただ、ひとつだけ不満点があった。会話のクラスがあまりにも少なかったのだ。しかも、年功序列とやらで会話クラスを担当していた老外人講師がひどかった。

それで三年生のときに、アカデミア・デ・エスパニョールという会話学校に通った。

ここでまた、「すばらしくいい学校」に出会えた。日本人と結婚して、夫婦で学校経営をしているアルゼンチン人のスサナ先生。性格がとっても明るく、活発なクラスを演出してくださった。授業の進め方はいたって簡単だ。

先生はただ、「なにか新しいことはありますか? 話してください」と言うだけである。あとは、ただひたすら話す。先生は、生徒の表現が不自然だと、ていねいに訂正してくださる。話題が尽きると、イマジネーションによる物語創作を始める。

一人の生徒が、「昨日、京都の嵐山《あらしやま》を散策しました。紅葉祭りの最中だったので、ものすごい人出でした。天竜寺の入り口で、拝観料を払おうとしてバッグを開けると、あら大変。財布がありません。どうやらスリにやられたようでした……」と、お話を編みあげていくのである。ある一定量の内容を話すと、適当なところで次の人にパスする。このやり方だと、事前に準備することがかなわず、とにかく即興で話を語り継がないといけない。

生徒としての私の取り組み方は、自分の番のときは、できるだけ新しい表現や、むずかしそうな話題にチャレンジする。ほかの生徒さんが話しているあいだに言いたいことを想定し、そこに知らない単語があれば、ささっと辞書をひく。そうやって新しい表現にトライして、先生に訂正してもらい、新しい表現をゲットする。

さらに家では、授業中のメモから新出単語やフレーズを整理して単語帳に書き取っていき、最後はそれらを頭にたたき込んでいく。

そう、同じ会話クラスでも、ただ、ぼーっと座っているだけでは伸びない。もうすでに知っている表現を得意げにくり返しているだけでも伸びない。どんどん新しい表現に挑戦して、それらを頭にたたき込んで、使いこなせる単語や表現の量を増やすしか、伸びる方策はないのである。

HOW TO LEARN ENGLISH 3

[スピーキング力獲得の極意]

ポイント1 自らが積極的に話そうとする
ポイント2 言いたいことの二割をあきらめる
ポイント3 インプット作業を並行して進める

私の経験論から、スピーキングは経費ゼロでも十分に伸ばせると確信している。方法は簡単。イマジネーションによる物語創作法を、独り言で行うのだ。たとえば、いつも語らっている友人との会話を想像して編みあげていく。

「おっはよう。昨日の彼とのデートはどうだった？　どこまでいった？」

(Where did you go?　ではない。ABCの話なのだ。ん？)

「課長、今日のクライアントとの商談は難航しそうですよね」

「警部、たった今、新宿歌舞伎町の雑居ビルで変死体が発見されました」

(おっと、火曜サスペンス劇場の見過ぎがバレたかな？)

今、例として日本文で書き表してみたが、前述のような日本語をきちんと訳すのは大変だ。実際の練習においては、文を書きとめてはいけない。「文」という形式ではなく、「伝えたいこと」という内容にこだわること。右の例では、伝えたい内容の骨子は、「彼とキスしたの？」「今日の仕事は難しい」

「死体が発見された」である。訳すのは不可能と思える複雑なことも、言いたい内容を単純化することで、自分の英語力で表現できる。

ペラペラ話すためのコツのひとつは、言いたいことの細部に固執せず、少し割り引いて話す仕組みをつくりあげることだ。たとえば、「菊」という単語を知らずに、菊のことを話したければ、「菊」をあきらめて、「黄色い花」で我慢する。「大きい花」「秋に咲く」「日本の有名な花」などの形容を工夫して、さらに言いたいモノに近づけることもできる。「うぐいす色」と言えなければ、「グリーン」で我慢する。「茜色」なら「レッド」。「紫色」も、パープルさえ知らないパープリンならしゃあない。「ブルー」で我慢。乏しい語彙力ならば、その貧しさに見合った分を割り引いて話すのだ。

そして言いたいけど知らないという単語にぶつかれば辞書をひき、覚えがいのある単語を発見したらすぐに単語帳に書き取り、頭にたたき込んでいく。「話せる」という感覚は、あなた自身の日常のボキャブラリーをほぼカバーする「語彙力」と、あなた独自の日本語を表現できる「文法力」が備わったときに、あなたに訪れる感覚である。

2 いよいよ、あこがれの留学体験

交換留学生として、自腹を痛めずメキシコへ！

貧乏な私に、留学の道が開けた。

あの当時、日本とメキシコの一〇〇人規模の交換留学制度があった。もともとは企業に勤める人同士の交換留学なのだが、日本企業から毎年一〇〇人も希望者がおらず、三〇〜四〇の空席が大学にまわってきた。日本じゅうのスペイン語専攻の学生が試験で選抜される。一〇ヵ月間の滞在費も渡航費もメキシコ政府から出るというありがたい国費留学だ。行くなら断然、国費留学である。履歴書でも、国費留学と書けばきらきら光るというもんだ。それにスペイン語は、映画もテレビも教材も日本では入手困難で、英語学習とは比べ物にならないくらい留学の有用性が高い。（書店の英語とスペイン語の教材本の量を比べてみたら一目瞭然だ。英語学習の本は、初級から上級まで一〇〇パーセント入手可能だが、スペイン語の上級者用の教材はほとんどない。）

二七歳で、メキシコのユカタン大学に留学した。私の海外初体験である。

一九八二年のメキシコ滞在は、超ド級に刺激的だった。

まず、初日にもうアミーゴ（友だち）ができた。研修の宿舎から、友人と二人でメキシコ・シティの繁華街へと遊びに行き、帰りのタクシーで渋滞に巻き込まれた。行きは一五分だったのに、帰りは一時間もかかった。その一時間、初めて現地でスペイン語を話すことにエキサイトしていた私は饒舌《じょうぜつ》にしゃべり続けた。

するとたちまち、運転手のエクトルと、アミーゴの関係になった。タクシーが宿舎についてタクシー料金を払おうとすると、エクトルは受け取ろうとしない。

「アミーゴなんだから、お金はいらない」と言う。

「だって、タクシーに乗ったんだから、お金を払うのは当然でしょ」

と、無理にも払おうとすると、彼はとっても悲しそうな顔をして言った。

「じゃあ、僕たちはアミーゴじゃないのか」

うーん、そう言われると、もうお金を渡せなくなってしまった。

「私たちはもう、アミーゴよ」と答えてお金をひっこめると、エクトルはすごくうれしそうに微笑んで、私たちと固く握手をして別れた。なんだかキツネにつままれた気分だった。

そしてその翌日、「志緒野マリさんって、いますぅ？　お友だちがお見えですよー」と、ほかの留学生が声をかけてくれた。

「えっ？　お友だちって、メキシコ・シティには知り合いはいないはずだけど……」といぶかりながら外に出ると、あのエクトルが奥様を連れてばっちり正装して、でっかいバラの花束を抱えてニコニコと立っているではないか。

私はもう、ぶっとんでしまった。メキシコってなんちゅう国や。女性なら誰しもあこがれる真紅のバラの花束を、私はメキシコ留学二日目に贈られたのだった。

それが、超刺激的なメキシカン・ライフの始まりだった。


ある日、ユカタン大学の学生とデートをすることになった。五時の約束が六時まで待って、あきらめて帰った。翌日、その子を見つけたので、ちょっと怒り口調で言った。

「あなた、昨日は私に待ちぼうけを食わせてくれたわね」

「なにを言ってるんだ。僕はちゃんと行ったよ」

「あら、だって私、六時まで待ったのよ」

「僕は七時にちゃんと行ったよ」

「…………」


ある嵐の日、留学生仲間の家に電話をするが、何度かけても、とある別の家にかかる。三度目にかかったとき、その家の人は言った。

「雨が降っているから、きっと電話線が交差してるのよ。うちの電話番号にかけてみたら、その友人の家にかかると思うわ」

「…………」


またある日、祝日でもないのに町じゅうの銀行が閉まっていた。ホスト・ファミリーのグローリアにたずねると、

「昨日、大統領が国じゅうの銀行の国有化を発表したのよ。その準備で今日は休み。来週

からすべての銀行は国有化されるのよ」

「…………」

不可思議なメキシコ体験のいくつかを紹介してみた。なにが言いたいかって？

私が留学で得たことは、スペイン語というより、メキシコの文化だったのだ。日本の常識が常識として通じない国での生活は、私にいろいろなものを与えてくれた。

考え方の幅を広げてくれた。思い通りにいかないシチュエーションでの忍耐力を鍛《きた》えてくれた。貧富の差があることの意味を教えてくれた。ひとつの国のなかでの常識が、いかにちっぽけなものかということをたたき込んでくれた。メキシコでなにを得たか？　と問われたら、最大の収穫は、この強烈なカルチャー・ショック体験だったと思う。

グローバリゼーションが進む今、外国に住むインパクトは減少の一途をたどっている。

その後のメキシコはどんどん近代化が進んで、当時に比べると、フツーの国に近づいている。留学のひとつの収穫が異文化体験だとすると、収穫がもっとも低いのが、アメリカやその他の英語圏になる。今の日本はもう、十分すぎるほどアメリカナイズされている。

メキシコでの体験は貴重だったと思うからこそ、若い人には英語圏への留学よりも非英語圏への旅をすすめたい。

メキシコ留学、どう勉強したか

メキシコの交換留学制度には、ひとつの欠点があった。

この制度は、もともとが企業に勤める人が、メキシコの生活を体験してビジネスに生かそうという主旨のものであり、彼らは、日本でたった二週間だけスペイン語を学んだ状態でやってきていた。つまり、留学生に与えられた学習プログラムが外大生には初級すぎて、ほとんど意味をなさなかったのである。

とはいえ、メキシコでの滞在費をお国からちょうだいしているのである。滞在しているという環境を最大限に生かせばいい。私が取った作戦をご披露しよう。

まず、映画を活用した。もともと映画鑑賞は私の趣味である。学生時代は年間五〇本ペースで見ていた。好きなものは楽しみながら継続できるメリットがある。

メキシコで映画を見る利点はなにか。まず、メチャクチャ安い。言っておくが、日本の映画の一八〇〇円は世界一高い。アメリカで一〇〇〇円、スペインで七〇〇円、今のメキシコで三〇〇円、インドなら一〇〇円である。留学当時のメキシコでは、コカコーラとポップコーンをつけても一〇〇円くらいだったと記憶している。

一〇ヵ月の滞在中に見た映画が、なんと一〇〇本にもなった。英語で聞いてスペイン語の字幕を読むから、二言語一挙両得に学べる、ものすごい「お値打ち」ものである。

次にテレビ。なにせ私の世代は、生まれてすぐにテレビが普及し始めて、「テレビっ子」などと呼ばれた世代である。しかもうちの親は電気屋だった。テレビは私の人生に浸透しているメディアである。ラッキーなことに、ホスト・ファミリーが、家の片隅でホコリをかぶっていた小さなテレビを私の部屋用にくれた。だから私は、自分の部屋で好き放題、テレビを見ることができた。これは最高のリスニング教材だった。

ユカタン大学は、滞在中、合計二ヵ月以上もの間、ストライキで閉鎖された。そんなときには積極的に旅をした。旅先では、やはりテレビのあるホテルを選び、公園では新聞を読み、そして映画を見た。旅に出ると、出会う人とのおしゃべりの機会も多いので、あちこちでメキシコ人とおしゃべりした。

ユカタン大学の授業はあてがはずれたが、ホスト・ファミリーについてはとてもラッキーだった。ご主人のルベンはユカタン新聞の論説委員、それにニュースキャスターの資格も持っていたから、言語の知識はプロ並みで、生き字引のようにくわしかった。奥様のグローリアはチェコ人の血をひいて、チェコ語の通訳もできるキャリア・ウーマンである。

インテリの食卓の話題は、かぎりなく知的だ。メキシコの年中行事、ユカタンの歴史、マヤ文明の習慣、政治家の悪口、カソリックのこと、アメリカとの経済摩擦など、二人の話題は果てしなく広いし、なんでもかんでも私に教えたがるのだ。私はいつもノートを横において、学んだことをメモしていった。

再びのガイド試験

さて、四月に帰国し、留学でますます貧乏になった私は、さっそく英語のガイドの仕事を再開した。春のシーズンに稼ぎまくり、七月のスペイン語ガイド試験の一ヵ月前からガイド業を休んで試験準備に没頭した。たった一ヵ月の受験モードだった。

日本語と欧米語はかけ離れた構造を持つ言語だから、日本人にとって最初の外国語はむずかしい。文法のギャップを論理的に理解し、それぞれの単語が持つ色や味の微妙な違いをキャッチするセンスが必要である。しかし、二つ目の外国語は、すでにそのギャップが

HOW TO LEARN ENGLISH 4

[成功する留学の法則]

ポイント1　スタート時の英語力は最低英検二級、願わくば準一級がほしい

ポイント2　留学で伸びるものはリスニングだけ

メキシコ留学体験で実感したことだが、留学で伸びるもの、それはリスニングだけである。なぜなら、リスニングは、受け身でもある程度は身につく。ところが、「話」「読」「書」の能力は伸びない。

ポイント3　語学留学の落とし穴

留学先の学校の欠点は、文法説明が日本語でない、ということ。日本語で説明してもらっても理解できない人には、より難しくなるだけである。また、クラスメートが外国人になったとしても、同じクラスにいる彼らの英語はあなたと等しく不完全であり、クラスメートと過ごす時間は、意外に勉強にならない。会話のチャンスは豊富にあるが、会話の相手がボキャ貧だと、美しい言語は身につかない。

ポイント4　ウサギとカメの法則

私が力説したいのは、語学習得において、留学のもたらす効果は予想外に小さい、ということだ。二級で留学して帰国後も二級のまま、という人が大半である。思うに、外国に住んで「話せるようになった」という錯覚を身につけてしまうと、あの面倒くさい受験勉強ができなくなってしまうようだ。逆に、留学の夢がかなわない人のほうが、コツコツ努力を続けて、日本にいながら準一級を取ってしまうのだ。

そのようすはまさに、「ウサギとカメ」の童話のごとくである。

ポイント5　成功する留学生活の方法

英語圏に滞在しているメリットを最大限に活用する。「聴」・家にいる時間は、テレビを見る。「読」・新聞や雑誌を日常的に読み通す。「書」・日記をつける。「話」・教養ある年上の友人がベストだが、いい話し相手を見つけて、積極的に話していく。「勉強」・ターゲット資格の問題集を持っていって、帰国後すぐの合格を強く意識して勉強する。「単語帳」・ただ聞き流すのではなく、新しい語や表現をきちんと記憶していく。

ポイント6 かかる費用と得るモノを天秤にかける

国費留学、学位取得留学、その国でしか学べない専門分野の留学なら、諸手をあげて賛成する。また、大学在学中に単位も取れて、時間のロスなしでできる留学も文句なしにいい。

ポイント7 最低最悪の留学は、卒業後すぐの、英語圏の語学学校への親がかり私費留学

世の中の優良企業の多くは、新卒しか採用しない。そして新卒で仕事探しができるのは、一生に一度だけである。そのチャンスと引き換えにしてまでの価値がある語学留学は、まず望めない。行くなら、大学院に正規留学するべし。その力もないなら、まずは社会に出て働くべし。

ポイント8 留学適齢期は二五歳以上

まずは社会に出て、最低三年ぐらい働いてほしい。そうすれば、もう一人前のオトナだから、オトナの判断で留学したければ、どんな留学でもやってみればいい。

どんなかを知っている私にとっては、かなり楽々とモノにできた。そうなのか。欧米語というのは、おたがいにそんなにも似通っていたのかと悟ったとき、私は、何カ国語もあやつるヨーロッパ人を尊敬するのをやめた。

試験対策については、スペイン語のときは、効率的な勉強方法が私のなかで確立されていたから、方法論の揺れで無駄足を踏むことがなかった。あとはもう単語だけである。

過去問題集用、メキシコ留学用、アカデミアの会話学校用、分類単語集用など、それぞれ専用の単語帳をつくっていた。全部で七〜八冊の単語帳に一万語くらいの単語が記されていたが、最後の一ヵ月はひたすら単語の書き取り作業にいそしんだ。

ある日、またまた中指のペンダコが痛くなり、ばんそうこうを巻いた。

「あれ？　そういえば英語のときも、こうして巻いたっけ」と、すっかり忘れ去っていた過去の場面を思い起こした。「ということは、ぼちぼち合格どきかな」と、うれしい予感がよぎった。そして予感は的中し、その夏、スペイン語の一次試験に合格した。

三次試験は、二つめの言語の場合は免除になる。二次試験が終わるや否や、大手旅行会社と専属ガイド契約を結んだ。とたんにガイドの仕事が本格化し、私は三週間の長期ツアーに出ていた。

合格発表の日、九州の生駒《いこま》高原のコスモス畑から、ガイド協会に電話をかけて合格を知った。合格の言葉を聞いたとき、コスモスのピンク色が涙でぼやけた。

ああ、四年半の努力がやっと実った。

動機が生み出すパワーを知る

私は、いわゆる資格マニアである。もっともその背景は、経済的自立に対する執着にあるのかもしれない。おかげで人生、金のない男友だちには恵まれてきたが、養ってくれる金持ちの男には縁がないままだ。

大学三年のとき、就職不安から保母資格を取り、英文タイプ、自動車免許、社会科の教諭免許、卒業後すぐにガイド試験と英検一級、続いてスペイン語のガイド試験、外大ではついでに英語科の教諭免許を取った。

三五歳のときに旅行専門学校で英語講師をした。私の学生時代にはなかったTOEICやTOEFLが有名になりつつあったので、ためしに受けてみた。準備ゼロで受けたTOEICは八九五点、TOEFLは五七七点だった（つい最近受けたTOEICでは、少し模擬試験で準備してみたからか、九五五点までいった)。そのころにはまた、日本語教師検定試験に合格し、英検一級並みの難易度の通訳検定二級にも合格した。その五年後には旅行地理検定を受けた。その間、やり始めて挫折したものもあり、税理士資格と漢字検定などがそれにあたる。

四〇歳からハマった世界放浪旅行のあと、私は生まれて初めて、資格取得のためでない、自然発生的欲求による勉強がしたくなって、大学院に入った。人生三度目の学生生活は今なお続いている。院に入るとき、指導教授の先生にこうたずねた。

「先生、私、本を読むのが遅くて、専門書のようなカタい本って、自慢じゃないけど一冊も読破したことがないんです。数冊だけ読んで修士論文を書くってのは無理でしょうか」

先生はあきれ果て、ちゃんと答えてくれなかった。あたりまえか。

院の勉強を進めていくうちに、専門書をあれこれ読んで理論を構築して論文を書くというのは性に合わないと結論が出たので、フィールド・ワークの旅に出て、インド、ネパール、スペインの巡礼地を比較した。しかし、フィールド場所が多くなったために、それぞれの専門書をいっぱい読まねばならず、結果的に参考文献の数は一五〇冊を軽く超えた。院生活のおかげで、私は今まで大の苦手だった専門書の超高速読破の技術を身につけた。

HOW TO LEARN ENGLISH 5

[動機の法則]

過去にいくつもの試験を受けてきて思うのは、なにかの知識を頭にたたき込む、という作業は、机に向かう時間に比例しない、ということだ。「勉強時間」と「勉強の成果」は、悲しいまでに一致しない。動機が強く、それに見合った集中力が維持されているなら、一〇〇時間分を一時間で吸収することもあるが、気分がのらず、いやいや机に向かうときには、一〇〇時間かけても、一時間分の成果しかあげられない。

そしてまた強い動機というのは、恵まれた環境では生まれにくい。いわゆるハングリー精神というのが起動力になる。夢を実現したい、今を変えたい、よりいい収入を手にしたい、などという意欲は、今が惨めであればあるほど、みなぎってくるものである。

過去に出会った人のなかで、猛烈な集中力を発揮してスッと合格した人って、たとえば、婚約破棄の憂き目にあったお嬢さんとか、失敗した結婚生活から逃れるため、生計の道を切実に欲する人妻とか、逆境に立たされた人が多い。反対に、素敵な彼氏がいてルンルン状態の人は、合格直前の胸突き八丁の苦しさに耐えられず、脱落しやすい。

えっ？　私はどうかって？　別に男にふられた勢いで合格したわけではないが、私の場合、男に頼って生きるのは絶対にイヤ、という意識が強かったかなぁ。だから、ライフワークを得ることは、なにより大切なことだと考えてた。

昔、なにかで読んだのだが、悪女の会のモットーとかで、「右手に仕事、左手に男、フトコロに札束、背中に子ども」というフレーズが、やたら気に入っていた。とくに「右手に仕事、左手に男」、つまり「男」より「仕事」が優先するのが、じつにいいのだ。

逆境とかかわりなく、合格にこぎつけた仲間の顔を浮かべると、主婦であろうが子持ちであろうが、やはりライフワークとしての仕事への執着が強い人のように思う。そういう人は、ラブラブの彼がいようが、幼子がいようが、心のけじめをつけて、勉強やるときにはやる、という切り替えがうまい。

いくらやっても成果があがらない、という人は、いま一度、あなたの職業意識や、将来のビジョンや、やりたいことの動機づけについて、思いを巡らせてみてほしい。

専門書は、動機が低い状態でのんびりと読んでいると、数ページで睡眠薬の効果が出てくるから、一冊読み切るのにかなり時間がかかる。しかし、集中力が発揮できた場合には、電車で往復する一時間ほどのあいだに、なにが書かれているか、どの部分が重要かくらいの粗読みはできると初めて知った。

もっとも勉強がノリにノッていたときには、集中力のレベルも最高潮で、専門書がスッスッと読めた。あるとき、梅田で友人と会う約束をしていて、いつものように専門書を抱えて電車に乗った。往復の一時間で一冊読むのである。

席につくやいなや、本の世界に没頭する。と、トンネルを通過して、耳がツーンとなった。本に目を釘づけにしながらも頭の隅っこで、「あれ、トンネルなんかあったかな。いつの間にできたんだろうか」と、おバカなことを考えていた。しばらくして、またトンネルを通った。「おかしいなぁ、新大阪のあたりにトンネルなんてあったかなぁ」と、頭の隅っこで自問自答していた。

そこでハッとわれに返り、ぎょへぇー、と叫んでしまった。大阪方面に乗るべきを間違えて、大津《おおつ》方面の電車に乗っていたのだった。山科《やましな》と大津のトンネルを通り、気がついたときには大津駅だった。友人には、「それでよく、ガイドがつとまるわねぇ」と、思いっきり罵倒《ばとう》された。しかもこの失敗、修論作成期間中に二度もやらかしてしまったのだ。

修論作成中のほんの数ヵ月だったが、私は修論という動機に裏づけられた、超人的な集中力を出せたことにとても満足している。四〇歳を過ぎても、これだけの力が出るんだと知って嬉しかった（ちなみに修論提出後は、その反動で丸一年間、読書ができなくなった。やっぱり、トシなのかなぁ）。

POINT!

志緒野流・速読法

苦手中の苦手と思っていた専門書の速読が、できるようになった方法論を分析してみよう。まず、電車の往復の一時間で『絶対』に読み終える、と強く意識する。最初のうちは、読み取れても読み取れなくても、ある一定の速さで、ページをめくるようにした。当然、全部は読めない。各パラグラフの頭の一行だけでもいいから、とにかく目を走らせる。「読むっきゃない」という崖っぷちに立たされた状態だと、脳細胞がハイレベルの覚醒状態にあるから、一行を追うだけでも、「この本になにが書いてあるか」は頭に入る。

自分の論文の参考になりそうなところには、どんどん付箋を貼る。重要部分が長いときには、コピーしてしまう。短いときには、パソコンのデータベースにインプットした。論文を書き進めながらデータベースを検索すると、必要な引用資料と出典データがそろうので、この駆け足の読み取りも、論文作成には大いなる効力を発揮した。

二言語習得の収支決算表

二言語マスター・プロジェクトにかかわる費用と、資格取得ゆえにゲットできた収入を、その期間にかぎってのみ記した（バスガイドやフルタイムで働いたぶんの収入は入れてない）。金額の詳細はあまり記憶に自信はないが、大きくはずれてはいないと思う。とくに、払うのに苦労した大きい金額のものは、今でもはっきりと覚えている。外大は、留学のための休学ののち、二九歳の春に復学し、残っていた卒論を仕上げて、三〇歳の春に卒業した。

■英語の部

（単位：円）

年齢		支出	収入
20	英会話学校（6カ月）	30,000	
20	英検2級合格		
21	外国人用免税店でバイト（週3回、3カ月）		126,000
22	YMCAガイドコース受講料	110,000	
23	英語通訳ガイド、英検1級合格		

■スペイン語の部

年齢		支出	収入
24-30	大阪外大授業料（14万円×4年）	560,000	
24-25	英会話学校講師（週4回、1年半）		1,500,000
25-27	家庭教師（週2回2件、約2年）		1,440,000
25-28	通訳ガイド（200日）		4,200,000
26-27	スペイン語会話学校（2年）	160,000	
27-28	メキシコ留学（経費ゼロ、お小遣いは10カ月で3,000ドル）	750,000（3,000ドル×250円）	
28	スペイン語通訳ガイド合格		

合計　支出：161万円　収入：726万6000円

英検二級に合格することで免税店のバイトをゲットし、一級に合格することで英会話講師や割のいい家庭教師をゲットした。通訳ガイドの仕事は、スペイン語学習期間中は数をこなすことはできなかったが、日当がいいので助かった。通訳ガイドの稼働総日数は今では二〇〇〇日を超えているが、外大二年生から合格までの三年余りで、ざっと二〇〇日くらい仕事した。

割のいい家庭教師については、一件は親友が紹介してくれ、もう一件は、従妹を教えて、叔父叔母が割高に払ってくれた。

そのほか、外大の教授からスペイン語の下訳のアルバイトをもらったり、オジサマ・ボーイフレンドから英語専門学校の講演のバイトをまわしてもらったり、ガイドの仕事の折りに、商社マンのオジサマからチップをはずんでもらったり(注・援助交際ではない)……、振り返れば、苦学生ぶりを知って救いの手をさしのべてくれた人は多かった。支えられてたんだなと、つくづく思う。

しかし、この収支決算表を見ると、いかに私が仕事を利用して外国語を磨いてきたかが一目瞭然にわかると思う。そして、払った授業料は根性でモトを取っている。

やっぱ、大阪商人の娘だよなぁ。

第4章 ミーハー英語の戦略ポイント

1 ミーハー・コース　「とにかく楽しめ」の法則
2 文法はやっぱり大事
3 ミーハー英語の発音
4 駅前留学の舞台裏

●英語を楽しみながら身につけるには●

Home Garden
自分の興味のある分野の英語サイトにアクセスする
How are you?
ペンパルをもつ
外国人DJのラジオ
Love Story
ロマンチックなラブストーリーやサスペンスなどの洋書をよむ
Hello everybody!!
こんにちは
ボランティアで日本語を教える
コンニチハ

●音の区別はやっぱり必要?●
I eat ライス・「私はご飯を食べます」と言いたい
lice!?(シラミ!?)
…という誤解を生むこともないとは言いきれない。

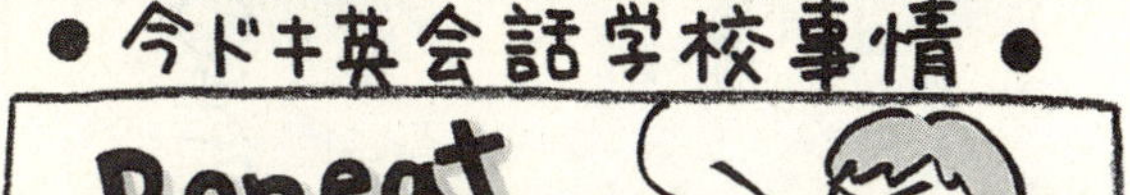
●今ドキ英会話学校事情●
Repeat after me!!
…などという迫力満点の授業はダメらしい

1

ミーハー・コース「とにかく楽しめ」の法則

英語と自分の趣味を結びつける

第二章、第三章では、私が花の二〇代に短期集中で二カ国語をモノにしたプロセスを書いたが、それを読んでの印象はどうだっただろうか。

「よーし、私もやったろやないか」と思えた方は、キャリア・コースを驀進《ばくしん》してほしい。

「わぁおーっ、こんなの私にゃ絶対にムリじゃ」と思った方は、キャリア・コースから降りてミーハー・コースに進路変更し、趣味のお気楽ミーハー英語を、楽しい人生の彩《いろど》りにしてほしい。

英会話学校時代に、生徒たちに「なぜ英語を勉強するのですか?」と質問すると、返ってくる答えの多くが、「海外旅行で使いたい」「映画の字幕なしに映画を見たい」「外国人としゃべりたい」だった。

実際は、この程度の動機で勉強が続くものではない。だから、ミーハー・コースの方々は、もう少し具体的な動機と楽しみ方を探す努力をしたほうがよい。

それには、インターネットを活用してみるのもひとつの手だ。英語のページにアクセスして、自分の趣味と英語を結びつけよう。

たとえば、釣りが好きな人は釣りのページを英語版の検索エンジンで探し出して、おもしろそうなページを読む。

ライティングの力を伸ばすには、インターネットのペンパル紹介ページを活用してみてはどうだろう。pen pal のキーワードで検索してみれば、たくさん見つかるはずだ。昔ながらの手紙でも、今風のメールでも、書く練習になる。メル友を意味する新語、キーパル key pal で検索してもいい。外国に住むペンパルなら、携帯電話の出会いのように簡単に会うことができないから、安全(?)でいい。

読みやすい小説のファンになるのもいい。女性向きの甘い甘いロマンチックなストーリーの本や、娯楽本位のサスペンスなどは、筋が知りたくて読み進むメリットがある。大手書店の洋書コーナーを歩きまわって、興味をそそられる雑誌や料理の本、日本文化の本、外国のガイドブックなど、あれこれ手にとってみて、積極的に探っていくといい。

とにかく外国人と接したいという人は、お住まいの都市の国際交流機関にあたって、ボランティア通訳などに応募して接触の機会を持つのもいい。

また、在日外国人が多いエリアでは、彼らにボランティアで日本語を教える制度もあるので、そういうものに参加して機会をつくり出すのもアイデアである。国際交流の機会は、案外身近なところにあるものだ。

外国人によるDJがあるラジオ番組などは、そのDJのファンになることで聞きやすくなる。関西には、FMcocolo76.5があり、一四カ国のDJが日本語と母語のミックスで番組をしているが、音楽主体でなく、各国の文化やニュースを伝えてくれるので、話題が豊富で活用度が高い。インターネット放送があるので、全国で聞くことができる。

ところで、お気づきだろうか。ここにあげた例には、読む、話す、書く、聞くの四技能の鍛え方のすべてが出ているのである。

探せば、勉強の方法はそこらじゅうにころがっている。無料あるいは超格安のものも多く、趣味と併用すれば一石二鳥だ。

ラーニング・スタイルを見極めろ

巻にはさまざまな英語学習指南書があふれている。まあ、この本もそのひとつなのだが。この本を書くにあたって、巻の指南書を読みあさってみた（大学院暮らしで身につけた速読術をさっそく生かした）。そして気づいたのだが、著者により視点がかなり異なるということだ。そこで、英語学習指南書をタイプ別にガイドしてみよう。

・英語専門家型

言いまわしの微妙な違い、米語と英語の違い、間違いやすい表現などについて、めったやたらくわしいが、瑣末《さまつ》なことにとらわれすぎる傾向がある。

たいていの著者は、文学か言語学を研究した人か、英語教育に長くたずさわった人で、英語でのコミュニケーション経験が必ずしも豊富だとはいえないので、参考になりにくい場合も多い。

BBCやCNNニュース、文学書の読破、英英辞典の活用などをすすめる人が多い。

・学者型

学者さん、とくに理系の学者さんは、英語の文献を大量に読みこなし、論文を書き、国際的な学会で研究発表をし、学者さん同士の交流を英語でする機会が多い。

このタイプは、まず「読」を重んじる。次に「書」がくるが、学術書に論文を書くのだから、生半可な「書」ではなく、正しく「書」くことが要求される。

「読」については、「多読」「速読」を重視する。きちんとした文法を強調する人が多いが、英語をツールとみなす実用主義で、瑣末な点に固執することはあまりない。

・ビジネスマン型

日本在住か海外駐在かでさらに二分される。

日本在住の場合は、英語との接触は主としてビジネス・レターやファックスになるので、やはり「読」「書」から始まる点は学者型に通じる。交渉や商談がからむので、「話」については、社交術も含めて、学者さん以上にハイレベルの英語が必要である。

●タイプ別英語学習指南書●
・多読、速読を重視し、きちんとした文法を強調する人多し
・英語をツールとみなす実用主義
学者型
・専門的で詳しいが瑣末なことにとらわれがち
・BBCやCNNニュース・英英辞典などの活用をすすめる人多し
英英辞典
英語専門家型
・趣味を生かして英語を学ぶというパターンが多い
・英語が好きではない人の場合挫折する確率高し
主婦型
・会話のレベルはかなり高い
・経営・経済、時事問題等に偏る
・英字新聞の購読をすすめる人が多い
OX TIMES
ビジネスマン型
・目標が明確なので成功率は高いが集中力が必要
・過去問題集は必須アイテム
資格試験型

分野的には、経営、経済、政治、時事問題に偏りやすい。英字新聞、ニューズウィークやタイムの購読をすすめる人が多い。

・**主婦**

主婦は余剰時間がある人が多く、「私も英語を」という層が厚い。そのなかで成功をおさめた人の指南書を見ると、ミーハー・コースの極意が書かれている。教材が女性向きで、女性の参考になりやすい。「ロマンチックな小説にわれを忘れよう」とか「外国人のお友だちに日本料理を教えながら英語を学ぶ」という趣味に徹したパターンが多い。

ただ、学者やビジネスマンと違って、実生活において英語の必然性がまったくない点が弱い。その弱点を工夫でカバーできる人、もしくは、英語が好きで好きでしょうがない人の場合は成功率も高いが、そうでないと挫折する。

・**資格試験型（私の場合）**

明確な目標があるぶん、成功率は高いが、その一方で、退屈なインプットに耐える集中力が要求される。

タイム購読や、小説を読むとか、テレビの英語ニュースを聞くのもいいが、私の場合は短期集中をめざしたので、これらの時間を凝縮して文法と単語暗記にあてた。マテリアルとしては、過去問題集をベースにおく。主婦型が長距離マラソン型なのに対して、資格集中型は一〇〇メートル全力疾走型である。

英語の指南書だけでもこれだけのアプローチの違いがあり、それぞれがすすめる学習法は星の数ほどもある。なにより大切なのは、自分に合うかどうかである。

私の場合、タイムや英字新聞の購読は見事に挫折した。また、英英辞典をすすめられたことは何度もあったが、まどろっこしいので買ったこともない。

辞典や参考書は大切だが、私の買い方は、いたってあっさりしている。書店で何冊かを手にとって、同じ項目のページを見比べて、直感で気に入ったものを選んでいる。いいテキストを選ぶより、いかにそれを吸収するかのほうがはるかに大切なので、そう神経質になる必要はないと考えている。

辞書や学習法は、人のおすすめをマネるよりも、マイ・スタイルを大切にして、誰でもない自分自身が継続できる環境をつくりあげることが大切なのだ。

POINT!

教材は日本ベースが入りやすい

私はＢＢＣやＣＮＮのニュースを見るのはあまり好きではない。

イギリスやアメリカについて知ることが学習の目的ならそれもいいが、ツールとしての英語をめざすなら、ＮＨＫのバイリンガル・ニュースがいい。夕刊に目を通してから七時のＮＨＫ英語ニュースを聞くと、リスニングの抵抗が少なくなる。やはり、遠い国の出来事よりも、身近で興味を持ちやすい内容のほうが頭に入りやすいものだ。

さらにできるならば、録画しておいてから見るのがおすすめ。気になる部分の英語と日本語訳をじっくりと対比、確認できる。

前から順に訳す

（例文）He does not really understand what he is doing.

訳例Ａ「彼は、自分がなにをしているか、ちゃんとわかっていない」

訳例Ｂ「彼は、ちゃんとわかっていない。自分がなにをしているかを」

（例文）He sold his house before he went to Europe.

訳例A「彼は、ヨーロッパに行く前に、家を売った」
訳例B「彼は、家を売った。ヨーロッパに行く前に」

二つの訳例を比べるとわかるが、日本語と英語は、語順の違いがあまりにも大きいため、きちんとした日本文にしようとすると、後ろを先に訳して前をあとから訳すことになる。これが速読をさまたげ、学習をはばむ。

まずは、「前から順に訳す」（Bの例）習慣を身につけよう。

読み取りとは「意味をつかむ」ことで、美しい日本語に置き換える作業ではない。要は意味がわかればよいのだ。しかし、日本語を介在させるのを否定することもない。読み取りのツールとして、日本語を活用するほうが効率的である。

英語で考えるということ

私には、いまだに「英語で考える」という意味がよくわからない。

ただ、英語を話すレスポンスが速いので、この言葉が好きな人にはよく、「あなたは英語で考えてますね」と言われる。

自分では、たとえ英語で話しているときであっても、日本語で考えていると思う。しかし、英語を話すときには、いちいち日本文を作成してから訳すのではなく、言いたいことを言語以前の段階のもやもやしたもの（概念というのかな）から直接英単語に乗せて出すことができる。

ペラペラ話しているときの自分の脳ミソの働きを自己分析すると、言いたい内容や概念に合致する「英語」や「スペイン語」をすばやく検索する機構ができあがっていて、必要に応じた言葉にのせて概念を吐露《とろ》することができる。私にとっての外国語知識とは、トコロテンを押し出すカタのようなものである。

単語帳暗記の賛否両論

単語帳で暗記するというのは、私の学習法の中心部分であり、私の場合は、これにより最短時間で資格試験に合格したと信じている。

ただし、この作業は万人向けではないようだ。単語帳派の人も多いが、「単語帳はトライしたが挫折した」という人もまた多い。

単語帳拒絶派の人は、代替方法を必ずなにか持っている。「多読」を唱える人は私が挫折したタイムの年間購読を数年間やったり、「小説」や「英語の本」を一〇〇冊以上読んだり。また「多聴」を唱える人は、英文テープを擦り切れるまで聞いたり。

短期決戦型の私には、そんな時間も根気もないから、近道としての単語帳作戦にかけた。しかし、マラソン型の好きな人は、単語帳作戦でなく「多読」「音読」「多聴」などをためしてみるといいと思う。やはり、マイ・スタイルがもっとも効果的である。

最初は集中せよ

語学学習の最初の段階は、集中的に学ぶのがいい。

一〇〇〇時間を一〇年かけてやるのと、一年かけてやるのとでは、効率にずいぶん差がある。一〇年やっても身につかないと酷評される学校英語は、じつは一〇年かけて一〇〇〇時間やったものだ。定着力が弱いのは実体験されていると思う。あの量を二～三年に凝縮すれば、数倍の効果が得られるはずである。

2 文法はやっぱり大事

〝分法〟を身につけろ

ミーハー・コースの人は、まずはマイ・スタイルの英語を見極めたうえで、マイ・スタイルに必要な英語のパーツを、しっかりと分析してほしい。つまり、「文法」ではなく、「分法」を身につける必要がある。

「文法」「発音」「語彙」という英語の三大カテゴリーが重要なことは、火を見るより明らかだ。ただ、「文法」は深く掘り下げれば海より深く、「発音」は、ネイティブと同じになろうと思えば、その国に生まれ変わる必要さえあり、「語彙」は星の数より多い。

ミーハー・コースの人が、それらの頂点を極める必要性も可能性もないのだが、しかし、あまりに低きに目標をさだめれば、その英語は、まったく用をなさないお粗末なものになる。だから、マイ・スタイルの英語に必要な「文法」「発音」「語彙」を分別し見極めるための「分法」能力が要求されるのである。

そして英語の四技能である「読」「書」「聴」「話」を意識して、四つのなかのどれに重点をおくか分析してみよう。学習方法も、四技能のそれぞれが、「ゆっくり正確に」か「ざっと速く」かの二つの様相を持つ。同じ「読」でも、「むずかしい英文をゆっくり正確に読み解く」ための練習と、「大量の英文に目を通して、ざっと意味をつかむ」ための練習は違う。

あなたのマイ・イングリッシュがどの技量のどういう面をより多く必要とするのかについて分析し、そこに好みも加味して、オーダーメイドのマイ学習法を編み出すのだ。

まずは、私が私自身の「分法」を分析して、そのポイントを一例としてあげてみよう。

試験準備の段階に関しては、通訳ガイド試験や英検一級をめざすためには、「精読」が不可欠。難易度の高い資格試験には、ひねりにひねった長文読解が必ずある。

次に、ガイドの仕事においては、「訳す」という場面はそう必要ではない。かなめとなるのは、日本文化という外国に存在しないモノ、英語で説明しにくいモノをわかりやすく説明するための「知識」と「話術」である。日本文化紹介の英文は、手あたりしだいに目を通して、センスのいい表現は、どんどん吸収していった。

「読む」こと自体もともと好きでない私は、読むなら日本語の本にしているので、英語の小説や雑誌はいっさい読んでいない。英字新聞購読も、挫折のオンパレードである。

語彙についても、文学的に凝ったような文章を書く必要はまったくないから、動詞や副詞、形容詞は、言いたいことをわかりやすく伝える基本語のみにして、名詞に重点をおいた。内容的には、「経済、政治、理科系」的な単語はまず不要で、「歴史、文化、食物、植物、動物、昆虫、地形、病気、旅行」関連のことに重点をおいた。

ガイドの仕事では、懐石料理を食べるときには、ウニ、コノワタ、カラスミ、トロロを説明したり、京都の寺社や阿蘇《あそ》のカルデラや秋芳洞《しゅうほうどう》の鍾乳洞《しょうにゅうどう》の解説をしたり、沿道の花や木についてたずねられたりする。また、病気に関する単語も必須である。

あるとき、ツアー客の妊婦が風邪をひいて、そのご主人に「座薬を買いたい」と言われた。そのときの私は「座薬」という単語を知らなかったもので、若いご主人は、顔を真っ赤にしながら、指をお尻につっこむしぐさをして私に説明してくれた。

私が座薬を知らなかったばっかりに……スマンことです。

もっとも、語彙の選択については、コツコツつくり上げるマイ単語帳に、マイ・イングリッシュに必要な語彙が自然と集められているはずである。ガイドの仕事をしながらも、マイ単語帳はつくりつづけた。「座薬」の単語には赤丸をつけておいた。

よい文法、悪い文法

実用として英語を使うのに必要な、最低限のレベルについて考えてみよう。

まずは文法であるが、これは中学文法をマスターするレベルが最低限必要とされる。具体的には、ｂｅ動詞（私は学生です）、一般動詞（私は学校へ行く）、否定文（私は学生ではない）、疑問文（あなたは学生ですか?）、ＳＶＯＣで表現される五文型（①鳥が歌う ②あの花は白い ③私は彼に会った ④私は彼に本をあげた ⑤彼は彼女を幸せにした）、現在形、過去形、現在完了形（私はアメリカに行ったことがある）、現在進行形（少女が歌を歌っている）、過去進行形、may、must、will、have to、Shall we ～?、Will you ～?、There is～ といったものだ。

いかがだろう。それぞれの文法項目の例文を即座に組み立てる力があれば、あなたの基礎文法はOKだ。もし、文法用語を三つほど見た時点で、なにやらクラーイ、イヤーなイメージがただよってきたとしたら、あなたは過去によほどイヤな英語授業体験をしているに違いない。過去の心理的トラウマによる文法アレルギーは、すぐさま払拭しよう。

外大時代のあるとき、ラテンアメリカの留学生から、「これさえ終えれば心おきなくデートできるから、日本語の宿題を手伝ってくれ」と頼まれた。気軽に引き受けた私は、問題を見て驚いた。

いくつかの日本文が書かれていて、主語の次にくる助詞を、「が」か「は」のどちらが適切かを選ぶ問題だ。「私が行く」と「私は行く」は、ニュアンスが違う。文脈により、はっきりと正誤を区別できる場合もあるが、区別があいまいな例も多い。彼の宿題にあった複雑な例文をブツブツと声に出して読んでみるが、「が」でも「は」でもいけそうな例文ばっかりで、自信を持って答えられるのはひとつもなかった。

なんでやぁ。一〇〇パーセント日本語ネイティブの私が、なんで答えられないいんだ。

そういう日本語の例文をつきつけられて、私は理解した。

実践的でない些細な点をつっつきまくる文法など、百害あって一利なしだ。それは文法嫌いをつくり出す「悪い文法」なんだと。

もうひとつ例をあげてみよう。

外大で日本語教授法の授業を受けたとき、先生が黒板に、「切符『　』お持ちでない方は」と書いた。よく電車などで車掌さんが、このセリフをくり返しながら車内を歩いていく。『　』に入る一字はなにか。さあ、考えてみてほしい。「の」か「を」か。

このクラスにいた日本人は全員「を」を選び、数人いた韓国人の留学生は「の」を選択した。正解は「の」である。先生の解説によると、日本人は、英文法の目的語「〜を」の知識にひきずられて「を」を選択するが、日本語の文法には、主題提示の「の」という助詞があり、この場合は「の」が正しいというのだ。

うーん、しかし、そこにいた日本人が全員「を」を選ぶような場合、「を」を不正解と言えるのだろうかと、私は悩んだ。

思うに、学校英語の欠点は、あまりにも几帳面に間違いを正す、その訂正主義にあると思う。言語というのはコミュニケーションのツールだから、伝えたいことが間違いなく伝わるなら、いろんな言い方があっていい。少々文法的におかしくても、真意がちゃんと伝わるなら、もっと許容していいはずだ。

言語学者だけが区別できるような些細な違いでもって、「それはダメ」「これはペケ」と言われ続ければ、文法アレルギーになって当然である。

これとは対照的に、トルコを旅したときの日本語ガイドさんの文法はひどかった。「あなた『に』この花『を』さしあげます」という文を、「あなた『を』この花『に』さしあげます」などと平気で言うのである。

この例の「に」と「を」を間違えたら、意味が通じない。トルコの日本語ガイドさんは、一〇分に一回くらいは助詞の用法を間違えたので、説明がなかなか理解できなかった。

文法が大切だとは誰しもが口にする。しかし、必要な「よい文法」と不必要な「悪い文法」をしっかりと分けて考えるべきだろう。

ツッパリ生徒A君と一五分文法

中学レベルの文法はけっしてむずかしくない。単純なルールさえモノにすれば、たくさんの例文を覚える必要がなくなる。つまり、文法は暗記する量を省くためのツールでもある。

私が英会話学校で中学生クラスを持っていたころのエピソードがある。そこは会話学校なので、文法にさく時間は一五分程度にして、あとは会話をやらなければならなかった。

そのクラスに、一人の男の子がいた。すごく要領のいい子で、彼はすぐに、私の授業のその一五分さえ聞けば、英語はOKと考えたらしい。毎回のように遅刻してきて、前半の会話練習の部分はサボり、一五分文法が始まるころに現れる。

あるとき、服装が乱れているので、「どうしたの?」とたずねると、「ちょっと他校のやつらとケンカしてきた」などと答える。いわゆる、ツッパリ生徒だった。

その彼があるとき、こんな話をしてくれた。

「うちの学校の英語の先生がさぁ、オレが学校の授業をまったく聞かないのに試験でいい点取るのを不思議がってよぉ。塾の先生がエエからや、と言ってやったら、ショック受けとった」と言うのだ。

利発な彼は、会話練習とかは手を抜いてやってるけど、私の一五分文法だけは、真剣なまなざしで吸収していた。ちょっとでも不明な点があると、すかさず質問し、納得するともう、あとは遊んでいた。

そう、要領よく必要な文法をモノにすれば、それは、英語学習の省エネになるのだ。

[ミーハー学習の極意]

HOW TO LEARN ENGLISH 6

ポイント1 通勤時間を活用せよ

フルタイムのお仕事を持つ人にとってなによりの課題は、勉強時間の捻出である。それも、毎日継続できることが大切だ。と考えれば、通勤時間を活用しない手はない。

教材のテープに不自由はしない。書店に山のように積み上げてある。通勤時間に習慣的にテープを聞くのを年単位で継続できたなら、かならず力は伸びる。逆に、それが一ヵ月も続かないようなら、あなたの意志力は豆腐のようにヤワであると認めよう。

ポイント2 通勤時間に文法マスター

もしまだ基礎文法に自信がないならば、まずは通勤時間にNHKの「ラジオ講座」を聞き続けることからスタートしよう。中上級では「やさしいビジネス英語」がオススメ。

ラジオ講座をはじめから録音したテープも売っているが、アドリブの余談がオモシロイこともあるので、お金をかけるよりも手間をかけて、毎回の番

組を録音するのがいい。

ポイント3　ヘッドフォンを活用せよ

ヘッドフォンの利用は、リスニング学習に抜群の効果がある。家で映画ビデオを見る場合やニュースを聞くときにも、ヘッドフォンをどんどん活用しよう。これは、頭のなかにくっきりと英語を響かせてくれることで、その浸透力も高くなり、集中力も高まる。

ポイント4　映画を楽しみながら英語に親しむ

映画が嫌いな人は少なかろう。楽しみながら英語を学べる映画は、ミーハーにとっては最良の教材になる。最近は、英語字幕つきビデオや、セリフのスクリプトを入手して、映画を正味教材として扱う人も多いが、私はミーハー式を貫いてきた。

やり方は、日本語の字幕を見て意味をとりながらも、意識の何割かを英語の音にも向ける。これだけでいい。語彙が増えるにつれて、英文が耳に飛び込んでくるようになる。

字幕の日本語と英語の表現を比較することで、英語と日本語の語感ギャップを使用場面ごとに比較できる、というディープな教材になる。たとえば、「よろしくね」に対して「Nice to meet you.」、別れ際の「頑張れよ」に対して「Take it easy.」、「今、行くよ」に対して「I'm coming.」(「行く」は、シーンによっては、go ではなく come になる。ベッドでも同様だ。ん?)など。これらをへぇー、ははぁーん、ふーんど納得して聞いているだけで、直訳英語から離脱することができる。

3 ミーハー英語の発音

正確な発音にこだわるより、区別しようという努力を

辞書のなかには、英単語の発音をカタカナ表記しているものがある。あれの使い勝手はどうだろうか。思うに、登山にたとえたとして、もしあなたが、麓《ふもと》のすそ野で昼寝するレベルの英語で満足というのであれば、カタカナ表記で勉強してもいいだろう。しかし、将来的に少しでもレベル・アップしていきたいというのであれば、やはり発音記号とお友だちになってほしい。これは、そうしんどいことではない。ただ、単語帳に発音記号を書くという練習はぜひ実行してほしい。

単語を覚えるときに、スペルを思い浮かべながら、同時にその単語を音読し、発音記号をチェックし、特徴的な母音や子音を確認する。それだけでいい。

日本語の母音は五つしかないのに、英語の母音は二〇以上もある。音韻をネイティブ並みの正確さで発音する必要はないが、同じ「パン」でも、pan（フライパン）と pun（だじゃれ）の音を区別するのは、やはり必要なのである。

ただし、音韻論的に正確な音を出すことに血道をあげる必要はないと思う。ネイティブ講師のなかには、発音矯正にやたら熱心な人もいるが、それは生徒の意欲をそぐだけの悪いやり方だと私は思う。YMCA時代のネイティブ講師がこの手の先生で、ガイドコースの四つの科目のなかでいちばん無意味な授業だった。

日本式訛りがあっても全然問題ない。しかし、英語にだけ存在する母音や子音を、少なくとも頭で理解し、区別しようと努力することは必要である。

日本人の国民的弱点、RとL

RとLの発音の区別は、日本人英語の代表的難点として、とりわけ有名な例であるが、ある程度これを意識し、区別をつけた発音をすることは、そうむずかしくない。right と light、rice と lice、rock と lock のように、RとLで意味が大違いというものもあるので、区別できるにこしたことはない。

I eat rice.（私はご飯を食べる）という文で、lice と発音すると、「私はシラミを食べる」という意味になる。間違ってもシラミを食べたりすることのないよう、発音で区別できるようにしたい。

RとLの発音のコツをご披露しよう。まず、日本語のラリルレロを発音してみよう。音が出るときに、舌の先がどうなっているかを、注意深く観察してみよう。日本語のラリルレロは、舌の先っちょが、上アゴの天井部分をたたいていないだろうか。はじいて出すのが、日本語のラリルレロの音なのだ。

外国人観光客の多いバスのなかで、このラリルレロをちょっとオーバーに実演してみせると、みなとっても驚いて、なかには吹き出し笑いする人がいる。それだけ、日本のラリルレロは、英語の音からは遠いのである。

英語のLの音は、日本語のように、上アゴをはじいたりはしない。舌の先を上の前歯のつけ根において、そこにくっつけたままで、舌の両脇から空気を出す。「ウーウー」という感じに聞こえる。これがLの音だ。

Rの場合は、ジャイアント馬場が、「アッパー」と言うときに、やたら口ごもった音を出していた、あの音に近い。やはり、「ラリルレロ」というよりは、「ウーウー」に近い。この音は、舌に力をこめて縮こまらせて、舌をお皿のような形にする。舌の両側をもりあげて上の奥歯につく感じにして、舌の先っちょは、ぐっと上に巻き上げて、しかし上アゴの天井にはくっつけない。こんな状態で、せばまった舌と上アゴの空間を通り抜ける空気で出す音がRである。

おっとぉ、誰ですかぁ？　舌をかんで血だらけになってるのはぁ。

そこまでリキを入れなくてよろしい。ジャイアント馬場のモノマネをするような気楽な気持ちで、「アッパー」をくり返しましょう。まあ、とにかく日本語のラリルレロと、英語のRやLの音は、似ても似つかない、ということだけは理解してほしい。

ロイヤルホテル Royal Hotel は、むしろ「オイヤウ・ホテウ」に聞こえる感じだ。ドリンクの注文で、もっとも通じにくいミルク milk は、「ミゥク」と聞こえる。

もっとも、RとLが区別できなくても、たいていの場合は、文脈から区別することができるので、さほど問題にはならない。それよりも大切なのは、アクセントである。

マクドナルドは、日本的に読むと、まったく通じない。McDonald は Do にアクセントがあり、それ以外の音はすこぶる弱い。だから、「マッダァーナウ」くらいにアクセントを強調しないと、通じない。

日本語にはアクセントの概念がない。外国人が日本の地名を言うとき、箱根が「ハコォーネ」、広島が「ヒロォーシマ」、大阪が「オサァーカ」となるのは、無意識にアクセントをつくってしまうからだ。逆に言うと、英語のアクセントをちゃんとしないと、その単語の音は彼らの耳には届かないのだ。

発音の失敗談は、とっておきの笑い話

もっとも、発音の悪さを恥じることはない。失敗談は、笑い話のように楽しいから、どんどん失敗して、どんどん自慢して、どんどん笑おうではないか。

ではさっそく、私の失敗談を自慢しよう（ウフッ）。

みなさんは、砂糖っけなしの炭酸水を、そのまま飲むことができるだろうか。ヨーロッパを旅すると、ミネラル・ウォーターに、ガス入りとガスなしという区別がある。私は、

長年このガス入りの水が飲めなかったが、ようやく慣れて、最近は冷たいソーダ水を飲むのが好きになってきた。

私は、このソーダ水を、アメリカ系飛行機の機内で飲みたくなった。ドリンクのメニューをみると、スパークリング・ウォーターと書かれていたので、おお、かっこういい表現だな、と思いながら、スチュワーデスのオバサンに、「スパークリング・ウォーター・プリーズ」と言った。

すると、彼女はすかさず「ハウ・オールド・アー・ユー?」と聞き返してきた。

アメリカでは、未成年者にはお酒を売ってくれない。だから、バーでお酒を注文した日本人が年齢を聞かれるということがよくあるらしいとは知っていた。

しかし、私が注文したのは、「水」だ。しかも私は、成人式を二回できる年齢である。なんとなく、スチュワーデスが私の発音を取り違えた、ということは想像できたのだが、それにしても、どう答えればいいのだ。こんな所で、自分の年齢を大声で告白したくない。「アイ・アム・オールダー・ザン・ユー」とユーモア混じりで答えようかとも思ったが、彼女は、どう見ても、私より年上のバアサンスチュワーデスだった。

私が返答に窮してフリーズしてると、彼女は、英語のわからない日本人ツーリストにいつもしているように、「ハウ・オールド・アー・ユー」を何度も何度もくり返す。そこいらに響きわたるような大きな声で、何度も何度も。

そして、私の目の前に置いてくれたのは、ウイスキーの水割りだった。

「スパークリング・ウォーター」が「スコッチ・アンド・ウォーター」に聞こえたのだ。

「お酒を注文したと思ったから、年齢をたずねたのよ」と彼女が弁解したので、「私は二〇歳よりはるかに年上だから、年齢を答えにくかったのよ」と応酬した。

さて、こうやって、発音で間違えたから、どうだというのだ。楽しいみやげ話ができて愉快ではないか。発音が少々悪くたって、ご愛敬である。

私は、通訳ガイドとして外国人観光客にマイクで説明するのが商売だ。英語でしばらく話したあとで、お客に問いかける。

「みなさーん、私の英語、わかりますぅ？」

お客は、みな、大きくうなずいてくれる。社交辞令かもしれないが。

「私は、典型的な日本風英語を話しますが、わかってもらえると幸いです。もしわかりにくかったら、いつでも質問してくださいね」と言っておく。

私個人としては、日本の案内人として、完璧にアメリカ人やイギリス人のような発音をするより、少々日本訛りがあったほうが、彼らの日本旅行の情緒を盛り上げられると考えている。日本人である私が、ある程度日本的発音なのはしかたがない。そんなことに引け目を感じる必要はまったくないのだ。

ダイエットと英語の関係

二〇〇一年春の二ヵ月の中南米旅行のあと、私は腰のまわりについたぜい肉落としに苦労した。旅行すると太るのはいつものパターンだが、いつもなら帰国後のダイエットでスッと落ちる肉が、がんこにへばりついていた。トシかなあと落ち込みながらも、まだ嫁入りの夢を捨てていない女としては、薄着の季節が来る前に意地でも落とさねばならない。

そのとき私は、ビデオを見ながら自転車タイプのエクササイズマシンをこぐという方法をとった。

だいたい私は、スポーツが大嫌い。だから、英語学習が続かない人の心理は、自分のスポーツクラブ歴を振り返れば、よく理解できる。これまで、どれだけスポーツクラブの会費をドブに捨ててきたことか。英語学習についても、買っても読まなかった本、聞かなかったテープなどは、山のようにある。しかし、それ以上にダイエット歴は悲惨だ。

ただ、私には死守すべき体重ラインがある。一九九五年に世界放浪旅行を始めて、旅にハマって以来、旅に散財するぶんを、むやみに衣服を買わないことでつじつまを合わせてきた。だから、今持っているスカートのサイズだけは死守せねばならない。

近所のレンタルビデオ店が、三本借りると一本オマケするセールをしていたのが幸いした。ちょっと無理して一週間に四本のビデオをこなした。返却期限があるので必死で四本見るようになり、自転車こぎがはかどった。

ビデオを観る際は、コードレスのヘッドフォンをつけて、音声をクリアに頭のなかで響かせる。こうすると、自転車をこぎながらでも映画のセリフがよく聞き取れるのだ。そして、電子辞書を手元において、気になる単語や知らない表現があったら、こぎながら辞書をひき、覚えたい単語は単語帳に書きとめる。

いい映画にあたると、こいでいることを忘れるくらい夢中になれるが、つまらない映画にあたると、たちまちペダルが重くなる。だから、ビデオ屋さんでのビデオ選びは真剣そのものだった。二〇分くらいかけて、こぎやすそうなビデオ（?）を厳選吟味した。

あるとき、ビデオ屋のお兄さんが、毎週のように現れる私に、「借り癖ついちゃいました?」とたずねてきた。「いえ、自転車をこぐために借りてるんです」と言うと、「珍しい方ですね」と笑っていた。

約二ヵ月で三〇本ほどのビデオを借りた。おかげで効果も出て、元の体重に戻り、腰まわりも足も少しひきしまった。

英語学習とダイエットは共通点が多い。

一　なかなか続かない
二　やったらやっただけの効果はある
三　中断すると元の木阿弥《もくあみ》に戻る
四　続けるのはむずかしいが、続けることができれば、いずれはモノにできる

ああ、そうだ。この体験で知ったことを書きとめておこう。ビデオ三〇本は、そこそこ楽しかったが、私の単語学習にはあまり役に立たなかった。知らない単語をひいてみると、「タマ」とか「陰茎」とか下ネタ関係ばっかりだった。そういえば、長い英語学習生活で、そういう言葉の必要性を感じたことがなかったから、いまなお未知の単語だったのだ。やっぱり私ってウブな女だったのね。

4 駅前留学の舞台裏

ネイティブ講師はこうして誕生する?

私が英語を学んでいたころは、一ドルが二五〇円の時代だった。あの当時、ネイティブ講師の時給は四〇〇〇円くらいしていたと思う。といっても、ドルに換算すると一六ドルにすぎない。

時間あたり五〇〇〇円以上になる授業料を払える生徒も少なく、また、安い給料で働こうというネイティブも少なかった。

ところが、円高が進んで一ドル一〇〇円時代になると、二〇ドルは二〇〇〇円になった。

ここ数年のネイティブ講師の時給は二五〇〇円あたりが相場だ。時給二五ドルにもなり、これは外国人にとっては、かなりオイシイ仕事になる。だから、円高になって以後、ネイティブ講師が巷にあふれ、駅前留学の学校が雨後のタケノコ的に増えたのだ。

南インド、コーチンの町を一人で旅していたときのことだ。渡し船でアメリカ人と乗り合わせた。彼は、私が日本人だと知ると、こう言った。

「ここで君と出会ったのは、運命だ。よし、僕は日本へ行くことに決めた」

彼は、いわゆるバックパッカーで、数年ものあいだ、世界各地を旅していた。お金がなくなると、半年か一年英語講師をして稼いで、また旅を続ける。英語が世界で学ばれているから、英語のネイティブたちはこんな形で旅できる。じつにうらやましい。

日本人バックパッカーのあいだでは、一ドル二五〇円時代の荒稼ぎ場は、ニューヨークの寿司屋だといわれていた。円が強くなった今は、英語のネイティブにとっては、この日本こそが荒稼ぎ場になっているらしい。

このアメリカ人は、ぼちぼち旅費が底をついてきて、「これから日本にでも行って、稼ごうかな」と考えていたらしい。その翌日、私に出会った。

「これはきっと、日本へ行け、という神の思し召しだ」と、彼は何度もつぶやいていた。

私は、「どうせなら、東京より大阪がいいわよ。アパートの家賃が断然安いから助かるし。ただし、日本語はちょっとナマってしまうけどね」とアドバイスして、ヒッピー風外国人でもたやすく雇ってくれそうな英会話学校の名前を書いてあげた。

先生の教え方は怖すぎます

四〇歳になったとき、旅行三昧の一年を過ごした。そしてその翌年は、英会話学校の講師をした。

四〇歳を過ぎると、新しい仕事に就くのはなかなかむずかしいが、英会話学校の講師募集は、たいてい「四〇歳前後まで」となっている。

オバサンになった今でもなお、英検一級所持というと、少なくとも門前払いされることはない。採用試験は、ペーパー試験と英語面接、そして模擬授業だった。

二〇年前に教えていた学校は担任制で、あの当時主流の「パターン・プラクティス」という、文型を教えて、疑問文や否定文に変えたり、一部を入れ換えて復唱練習させる方法をとっていた。クラスは一〇～二〇人程度で、大きな声でリピートさせて迫力のある授業をせよと言われた。

今回の模擬授業では、つい昔の記憶がよみがえり、あのころのパターンが出てしまった。私は、この模擬授業のテストで、もう少しで落とされるところだった。

「先生の教え方は、怖すぎます。だいいち、あんな大きな声では、隣の教室にまで先生の声が響きます」

と、私よりたぶん少し若いくらいのインストラクターのお局様《つぼね》にイジメられてしまった。

たしかにこの学校では、クラスサイズが六～七名の、今風の少人数制だから、それもまあ当然だった。そして昔以上に、お客様（生徒）を意識したサービス業精神を説かれた。

「本校では、生徒から『引き出す』、ということを重視しています。小さなミスを訂正すると生徒の意欲をそぎますから、訂正もできるだけ控えて、とにかく生徒さんが話しやすい雰囲気を出すことを重視してください」

また、こうも言われた。

「生徒のアンケートを取りますと、四〇歳くらいの先生の評価はたいてい低いんです。やはり、二〇代くらいの若い先生の人気が高いんですよ」

ほっといとくれ、と言いたかった。たしか、節分の日だった。帰り道に太巻きを買い、「運が開けますように」との願いをこめて、ガブリとかぶりついた。すると、昔わずらった虫歯の歯がポキッと折れてしまった。グスン。いやあ、これにはさすがの私もめげた。人間、年齢を重ねると、人生のすきま風が身にしみることが多い。

模擬授業については、後日やり直しを命ぜられた。ムカッときたが、しかたがない。雇われの身はツライものなのだ。それまでの数日のあいだ、鏡を前にして、怖くない顔づくりに努めた。

そして当日は、顔じゅうにスマイルをつくり、生徒が間違えてもストレートな訂正は控え、やさしくやさしく、ていねいにご指導申し上げた。おかげで、テストが終わっても、顔の筋肉がほどけたままで、しばらく元に戻らなかったほどだ。

努力(?)が実って、採用試験は無事に合格した。

お金のかけ方、モトの取り方

ある授業のとき、一人の大学生の男の子が、こう言った。

「先生。僕な、ここに来るの、むっちゃ久しぶりやねん」

「どれくらい久しぶりなの？」

「うーんと、二年ぶりかな」

この学校は、最初に二年ぶんの授業料五〇万円あまりを納める方式だ。いったん払えば、二年間は、かなりの数の授業を自由に取れる。

しかし、二年間欠席続きだと、それは権利放棄になるから、授業料は文字通りドブに捨てられたことになる。

「二年っつうことは、授業料をまったくムダにしたってことなの？」

「そう。親にごっつうしかられたわ」

「で、また授業料を出してもらったの？」

「そうやねん。せやから、今度こそは真面目に来るからな」

しかし、彼とは二度と会うことはなかった。

ここでまたくり返したい。親は「安易にお金を出すな」と。

英語学習にとって、会話学校の占める位置はなんなのかというと、それは、「アウトプットの場を提供してくれる」ということだ。それ以上でも以下でもない。

駅前留学を始める潮時は、最低限のインプット作業をすませてから、具体的には、中学英語の文法と基本語彙二〇〇〇語くらいはマスターしてからがいい。

自由出席制の某大手英会話学校は、最初に授業チケットの回数券を買うシステムをとっている。一五〇回券、五〇〇回券など、回数が増えると一回あたりの単価が下がるから、最初はつい、「やったるでぇ」とばかりに回数の多いチケットを買ってしまう。

ある生徒が言っていた。

「僕のまわりには、五〇〇回券を買った人はたくさんいるけれど、使い切った人は誰一人としていません」

五〇〇回とは、週五日通って二年、週二回で五年、週一回なら一〇年かかる。五年も一〇年も続けられる確率がどんなに低いか、ちょっと考えればわかりそうなものだ。それに、一回あたりの授業料が千数百円に下がったとしても、五〇〇回になると六〇万円もの大金になる。

実際のところ、自由出席制のチケットの消化率は二割ほどだそうだ。そのことを肝に命じよう。

[駅前留学活用の法則]

HOW TO LEARN ENGLISH 7

ポイント1　駅前留学のタイミングを吟味せよ

前述したように、チケット制の会話学校のチケットの消化率は二割だという。つまり、八割の生徒は払った授業料をドブに捨てている。続ける自信が本当にあるかどうか自問自答しよう。

ポイント2　ネイティブ講師を過信するな

ネイティブ講師は玉石混淆《ぎょくせきこんこう》である。きちんと教育法を身につけた人、そしてただ母語が英語だというだけで教えている人、さまざまである。後者の場合は文法を知らないし、またうまく説明することができない人が多い。英会話学校で働いたときの印象では、まあ過半数がええ加減なネイティブだと思ったほうがいい。

けどネイティブは、会話練習の相手としては利用価値も高い。日本語のできないネイティブが相手なら、恥もかなぐり捨てて、英語で勝負するしかない。そういう場を提供してくれるのが駅前留学である。それ以上でも以下でもないことを理解しよう。

ポイント3 「楽に」の罠に要注意

「楽に」「寝ている間に」「すわっているだけで」などなど、楽々を強調する学校や教材が巷にあふれている。しかし、能力を身につけるのに「楽に」は要注意である。ダイエットや美容整形などの誇大広告と同じだ。ましてや、「楽な」ぶんだけ「高額」な商品は、ますます怪しい。駅前留学の学校選びも、「きちんとしたテキスト」があって、「ある程度の予習や努力」を要求する学校のほうが信頼度が高い。

ポイント4 駅前留学を活用する方法

すでに何度も述べているが、「インプット作業を並行して行う」ことが大切だ。実力を伸ばすためには、それが不可欠だ。

しかし、趣味に徹するというなら、それもいい。あなたは、ただ学校へと身体を運べばいい。そして、何年続けても伸びないことを気にしないことだ。

こうした英会話学校の経済システムでは、ドブに捨てた人のお金を、熱心な生徒がちょうだいしている。つまり、宝くじの経済システムと、どこか共通したものがある。宝くじと違うのは、運まかせでなく、自分の意志と努力で勝ち組に入れることだ。くれぐれもドブに捨てる組に入らぬよう、教室に通い始めるタイミングを吟味しよう。

英会話学校がもっとも効力を発揮するのは、たとえば、半年後に海外駐在が決まっているビジネスマンのケース。こういう状況の人は、半年で必ずメキメキと伸びる。

卒業後の進路を真剣に考えている大学生も、自由時間の多い学生という身分をきっちりと活用して、モトを取る人は多い。

モトを取る人とは、ちゃんと出席する人、そして、一度学んだことをきちんと吸収する人である。

たとえば、テキストに出てきた新しい単語を、次の授業までに記憶してしまう人。ネイティブが教えてくれた表現を、ちゃんと頭にしまい込む人である。もう、アホらしいくらいあたりまえのことなのだ。

しかし、このあたりまえのことができない人がどれだけ多いことか。私は英会話学校で目のあたりにしてきた。

自由出席制VS担任制

振り返れば私は、テレビで宣伝しているような有名な大手学校では、働いたことはあるけれど学んだことはない。だいたい、授業料が高すぎる。賢明な消費者は、小さい手づくりの学校をまず選ぶのではないか。

同志社時代、近所に見つけた英会話学校は、日本人の先生が自宅に生徒を呼んで開いていた。月々支払う授業料は、とても安かった。のちにその先生とバッタリ大学で出会って、その人が同志社大学の講師だったと知った。

こういう個人経営の手づくり学校の場合、なによりの長所は、授業料を少しずつ払うという点である。

だから、スタートはまず、このタイプの学校を探すことをおすすめする。子どもに英会話学校の授業料をせがまれている親御さんも、まずはこういう学校に行かせてみれば、子どもさんの「動機」と「やる気」の程度がわかるというものだ。

次に、自由出席制か担任制かについて考えてみる。

自由出席制は、とにかく忙しくて、夕方六時~七時に始まるクラスに出席できる確率が低いような人向きである。土日も開校している所が多いから、自分のスケジュールに合わせていつでも行ける。

しかし、この「いつでも行ける」には、落とし穴もある。「いつでも行ける」は、言い替えれば、「いつ行かなくてもいい」になって、動機の弱い人の場合は、ドロップ・アウトへの近道になってしまう。

一方、担任制では授業日が決められているのが一般的だ。人間の行動特性から考えると、「木曜日の七時は英会話」と習慣づけて「義務感」を持つほうが、続きやすいのである。

また、教える側から見ると、授業のクオリティの点では、だんぜん担任制に軍配が上がる。先生が各生徒の資質を知ってこそできる微調整、終始一貫したカリキュラムなどは、生徒の顔ぶれが毎回変わらないからこそ可能になる。

さらに、ミーハー理論に基づいた、もうひとつのメリットが大きい。それは、クラスメートの存在である。もし、そのクラスに楽しい友人、気になる異性などがいれば、しめたもの。その仲間が、毎回あなたをその場に呼び込む磁石的存在となる。

じつは、最初の英会話学校で、ひとつとっても楽しいクラスを担当した。清楚な高校生の女の子が二人、のちに英検二級に合格した真面目なOLさん、美人の人妻、わりとハン

●自由出席制と担任制のメリット・デメリット●
自由出席制
メリット
・忙しい人向き
・土日もやっている所が多いので自分の都合に合わせていつでも行ける
デメリット
・「いつでも行ける」と安心して行かなくなる可能性が高い
・その都度担当が変わるので学習に一貫性を保ちにくい
担任制
メリット
・一人の先生が一貫して教えるので生徒の資質や進行状況によってカリキュラムを調整したりクオリティも保ちやすい
・通うことを習慣づけられれば長続きする
デメリット
・「何日の何時から何時まで」と決められているので自由がきかない

サムな青年二人、数名のオジサンがいて、とくにこのうちの二人のオジサンが、とても楽しいキャラクターの人だった。

これに加え、まだ二四歳の美人講師（ゴメン、私のことだ）と、なかなか役者がそろったクラスだった。忘年会、新年会、誰かが外国に行く送別会、同窓会と、何度もみなで集まって、ワイワイ楽しく騒いだ記憶がある。

こういうクラスにめぐり会えれば、きっと毎回ちゃんと通うようになる。実際、あのクラスの出席率は抜群だった。一年間の授業で一人の落ちこぼれもなく、全員が修了した。もっとも、吸収度は人それぞれだったが。

教わる側の裏ワザとして、申し込みのタイミングを普通より少しずらすという手をコッソリお教えしよう。最初の授業が始まるくらいのタイミングで申し込みにいき、まずはクラス見学をさせてもらう。講師も雰囲気もよさそうなクラスだったら申し込み、そうでなければ見送る。生徒一人くらいなら、授業がスタートしたあとでも、そのクラスに追加で入れてくれるはずである。

なんたって、生徒は大切なお客様、その程度のわがままはきくはずだ。

第5章 ウルトラ・ミーハー英語で勝負をかけろ

1 会話力がメキメキ伸びる
「メキやん流学習法」とは？
2 インド放浪、アバウト英語の実戦シーン
3 カタカナ・パワーと、その落とし穴

●英語上達には沈黙は「悪」と心すべし●

ペチャクチャ
先生聞いてぇな
こないだ僕とこに、スペインから親戚が来たんやけど…
きいてんか今日な…
…とひたすら英語でしゃべりまくるメキシコ人に学ぼう!

●リーブ・トゥマローの謎〈発端編〉●

Leave tomorrow?
(明日には出ていくの?)
Leave tomorrow?
(明日出発する?)
No.
No.

●カタカナ英語の落とし穴●
イズ・ジス サービス？
「無料ですか？」と言いたい
？
service…？
注「service」には「タダ」という意味はありません。
●リーブ・トゥマローの謎〈解決編〉●
なるほど ねえ…
捨てていく 身の回り品
チェックアウト前日、謎は判明

1 会話力がメキメキ伸びる「メキやん流学習法」とは？

ユカタン大学のメキやん

前章では、ミーハー英語上達のヒントになる学習法や戦略について述べたが、英語の実力を本当に伸ばすためには、インプット作業をやるしかない。

これについては、残念ながら楽な抜け道は存在しない。しかし、「勉強はイヤじゃ」「読んだり書いたりは大嫌い」というウルトラ・ミーハー・コース向けに、今の実力のままでコミュニケートするにはどうすればいいかをお教えしよう。

だいたい日本人は、生真面目すぎる。完全主義すぎる。これが、イカン。

話したい、話したいと言うわりには、寡黙《かもく》すぎる。「男は黙ってサッポロビール」というCMがはやったことがあるが、あの「沈黙は金」の伝統がイカン。

私は、メキシコ留学の折りに、ユカタン大学のランゲージ・センターの英語クラスに入れてもらって、文法知識がかぎりなくゼロに近いメキやん（←メキシコ人の大阪弁訳）が、半年でメキメキ（メキやんやから、メキメキ?）と会話力を伸ばすのを目のあたりにした経験がある。

朝、アメリカ人のマーシャ先生が入ってきてから授業を始めるまでに、長いときは半時間ほど、メキやんはしゃべり続けている。もちろん英語でだ。

ただし、生徒同士が私語を交わすのではない。先生をまじえてみなで英語で話すのだから、それは十分に会話の訓練になっている。「先生、聞いてぇなあ、こないだ僕とこに、スペインから親戚が来たんやけど」みたいな世間話をどんどん話すのだ。

日本人の生徒は、先生がなにか言い出すまで、黙ってじっと座っている。これが、イカン。メキやんのように、「沈黙は悪」とばかりにしゃべり続けていれば、半年の授業で日本人の五年分ぐらいのスピーキング量をこなせる。だからメキメキ伸びるのだ。

さて、ユカタン大学の授業で、一度だけ、先生が文法のプリントを持ってきた。八人ほどのメキやんは、顔をしかめてプリントの文法問題と格闘したが、日本人留学生のA子と私は、プリントを一瞥《べつ》しただけで吹き出してしまった。

そこにあったのは、中学レベルの文法問題のなかでもあまりにも極端な初級問題だったからだ。

そうかぁ、このメキやんたちは、こんな文法も知らないレベルだったのかと驚いた。

マーシャ先生は言った。「A子とマリは、プリントはしなくていいのよ。二人はこっちへいらっしゃい」

さすがプロの先生。すでに私たちの文法力の高さについてはお見通しだった。私たち二人は、先生の近くの椅子に背中合わせに座らされた。

「今から私が言う単語に、Rの音があれば右手、Lの音なら左手をあげるのよ」

うぬぬっ。先生は、私たち日本人の発音の弱点もまた、すっかりお見通しだった。メキやんたちが文法で苦しんでるあいだ、私たちはRとLの聞き分けに苦闘した。

このクラスは、本当に楽しかった。授業以上に雑談が楽しかった。

私はあるとき、日本には「加賀まりこ」という女優がいるという話をした。「カガマリコ」は、そのままスペイン語になる不思議な言葉で、しかも、「オカマがウンチする」という、とんでもない意味になるのだ。

もう、下ネタ好きのメキやんには大ウケだった。

おかげで、クリスマスの英語劇のとき、私は持参の浴衣を着て、日本人留学生「加賀まりこ」役になり、先生役の子が、「ホワッツ・ユア・ネーム?」とたずね、私が「マイ・ネーム・イズ・カガマリコ」と答える。三度くり返して名前を言わされ、クリスマスの特別イベントに集った観衆は、三度馬鹿笑いをした。

その翌日、メリダの町を歩いていると、通りがかりのメキシコ人に声をかけられた。

「あなたは、もしや、昨夜の劇に出ていた『カガマリコ』さんではありませんか」

どうやら私は、セニョリータ・オカマガウンチスルの名前で、メリダの町の人たちに覚えられてしまったようだ。


その後、日本の英会話学校で働いているときなど、先生の私がなにか指示するまで、ただ黙ってじっと座っている日本人の生徒さんに囲まれると、この陽気なメキやんとの活気あふれるクラスをなつかしく思い出す。

なぜ、いつまでたっても話せないのか。その答えは、「話さないから」なのだ。高卒レベルの英語力ですでに英語を話せるはずなのに、日本人は話そうとしない。

「ドゥー・ユー・スピーク・イングリッシュ?」に対する答えは、なにか。

もし、質問の意味がわかったとしたら、答えは「イエス」になるべきである。ところが、たいていの日本人は、「ノーノー・アイ・キャント・スピーク・イングリッシュ・アット・オール」などと答えて、外国人を不思議がらせる。「いいえ、ぜんぜん英語は話せません」と流暢に話しているのになぜ「ノー」なのかと、彼らは悩むのだ。

私は添乗員時代に、「英語の話せる運転手のバスで移動」という旅程のツアーで、「ハロー」のあとはすべてドイツ語という運転手とよく旅をした。彼らは、「英語を話せるか」とたずねられたら、威勢よく「イエース」と答える。じつのところ、知っている単語数がほんの二〇~三〇くらいでも、「イエース」と答える。

パーフェクトに話せるようになるまで「イエス」と答えないのは、日本的な完全主義によるものだ。

このことを、いま一度、しっかりと考えてみてほしい。それをわかっていただくために、さあ、私といっしょに、バーチャル・インド英語の旅に出かけてみよう。

2 インド放浪、アバウト英語の実戦シーン

ボるかボられるか、食うか食われるか、英語での攻防戦

インドの一人旅を計画したとき、さすがの私だって、それなりに心配した。

だから、旅行関係の本を一〇冊以上読みあさった。何人もの経験者に話を聞いてみたりもしたが、聞いた相手すべてが、「インドでは問題なく英語が通じる」と言った。

さて、実際にインドに行ってみて、たしかに英語は通じるが、けっして高度なレベルの英語ではないとわかった。本によると、本当にちゃんとした英語が話せるのは六パーセントのエリートだけだそうだが、私の印象としても、その程度だと思う。ただ、ちゃんと話

せない人でも、それぞれの立場と職業において必要な最低限の英語は身につけていることが多いので、英語で問題なく旅ができるというのも本当だった。

インドでは、コミュニケーション能力の高い人の比率が非常に高い。

これは、貧困に裏づけられた必要性が最良のムチとなって、最低限の英語能力を身につけさせているからだと、私は分析している。それは戦後の日本で、パンパンと呼ばれた、外国人相手の売春をしていた日本女性たちが、パンパン・イングリッシュという実践的英語を身につけていた背景に似ている。

旅人が接するインド人というと、まずはタクシーやリキシャマンである。シビアに値段交渉しないと、あらゆるシーンで、彼らはリッチな外国人観光客から一ルピーでも多くのお金を巻き上げようとする。

「トゥ・ナショナル・ミュージアム。ハウ・マッチ?」

「ターティ」

「ノォー。トゥー・イクスペンシブ」

「ハウ・マッチ・ユー・セイ?」

「トゥエンティ」
「ノーノー。イッツ・ベリーベリーファー。トゥエンティ・ファイブ」
インド人の th の音は、「ス」よりも「トゥ」に聞こえる。だから、彼らの三〇は「ターティ」になり、二〇の「トゥエンティ」と区別しにくい。長母音の伸ばし方が短いのもあって、とってもせっかちなガチャガチャ英語である。

リキシャマンの次によく接するのが、ホテル関係のスタッフである。フロントマンあたりになると、かなり複雑な話をやりとりする機会も増える。しかし、早口でスラスラしゃべっている彼らの英語が、じつはものすごくわかりにくい。ネイティブの英語と違って、むこうもちゃんとした英語を話しているとはかぎらない。

しかし、これは初心者の実戦シーンにはとてもいい訓練になる。相手もアバウト、こちらもアバウト。だから、劣等感を抱く必要はない。コミュニケーションが成立するまで、とことんやりあえばいい。

しかも、ボるかボられるか、食うか食われるかという利害関係が成立するから、これらのかけひきに勝利することは、実利をともなうことになる。

つい必死にならざるを得ないところが、じつにいいのだ。

チェンナイ（マドラス）で知り合って、食事をともにした医大生は言った。

「今回は、雪辱戦の旅なんです。二度目のインドなんですけど、前回はしっかりとだまされてしまいました」

なんでも、安物のニセ宝石を、二〇〇ドルのぼったくり値段で買わされてしまったという。恐るべし、インド人。聡明な医大生をも、舌先三寸でだましてしまうのだ。

「けれど、なんでまた、一泊一〇〇円の安宿に泊まっているあなたが、二〇〇ドルなんて値段の指輪を買ったのよ。彼女へのお土産のつもりだったの？」

「いやもう、その話については恥ずかしくて、言いたくないです。僕が馬鹿だったとしか言いようがない。しかし、今回はもう絶対にひっかかりません」

インド旅行が英語の実戦にいいのは、外国人観光客を見ると、インド人があれやこれやとつきまとってくるからなのだ。一人で歩いていて、あんなに多くの現地人が近寄ってくる国はないだろう。単なる好奇心からという人もあれば、英語の練習台にという人もあり、そしてなにより多いのが、モノを売りつけてやろう、チップをせしめようとする小悪党どもなのである。だからインドを旅すると、アバウト英語を鍛えるシーンに事欠かないのだ。

「リーブ・トゥマロー」の謎

チェンナイのホテルに一週間滞在したときのことだ。ホテルのベルボーイや、ルームメイドに会うたびに聞かれた。

「リーブ・トゥマロー?」

ものすごい英語だ。けれど、「明日には出ていくの?」という意味は通じる。そのほかにも、「フェア・カム?」「カミング・フロム?」で出身を聞くなど、彼らのあいだでは「二単語英語」がはびこっていた。

滞在が長くなるにつれ、「リーブ・トゥマロー?」と聞かれることが多くなり、そのつど私は、「もう五日間滞在するのよ」とか、「あと三日かな」と、ちゃんと数字を入れて答えていた。しかしどうやら、こちらの言うことはちゃんとわかってないらしい。それでも、彼らが知りたいのは明日チェックアウトするか否かだけなので、問題ないのである。さて、さんざん問われた「リーブ・トゥマロー?」に初めて「イエス」と答える日が来た。つまり、チェックアウト前日である。

チェンナイは、南インドの玄関口である。大学生の春休みがそろそろ終わる時期だったので、長期旅行の日本人学生たちは、この時期にチェンナイに戻ってきて、最後のインド滞在を楽しんだあと、日本へと帰国する。だから、この時期の「リーブ・トゥマロー?」は、とっても大切な情報を引き出すことになる。

それがなんだか、想像つくかな?

長期旅行者が最後の町ですること。それは、バッグのなかにみやげ物用のスペースをつくるために、着古した靴や服を捨てていくということだ。そしてインドでは、この捨てられる品物が、想像を絶する価値を持つのである。

私が栄えある旅行最終日を迎えたのは、インドではなく、ネパールのカトマンドゥだった。そこでは、それこそ捨てまくった。滞在中に牛フンを三度ほど踏んづけてしまったスニーカーとか、激しい下痢でちょっぴりおもらしして汚してしまったインド服とか(シーッ、ここだけの話ね)。日本に持って帰る気になれないものがたくさんあった。

私の部屋の担当のメイドさんは、すごい働き者だったので、彼女に全部あげるつもりでいた。彼女は私の出発時間を確認して、それよりたっぷり前に、ドアをノックした。服やスニーカーばかりでなく、彼女は、バスルームにある日本製シャンプーや洗顔フォームの残り、メモ用紙の残りまでもほしがった。袋いっぱいにプレゼントをもらった彼女は、ヒンドゥー世界では、最高のお礼のしかたである、相手の足先に手をついてキスするしぐさをしたのである。私は、唐突に私の前にひざまづく彼女を見て、びっくりした。そして、捨てたものの価値を知った。

さて、チェンナイの話に戻るが、せっかくみなが、「リーブ・トゥマロー」作戦で、誰よりも早く私の出発日を知ろうとしたのだが、私の旅はまだ続いていた。だから、その日部屋に残したのは、みかんがひとつ、ミネラル・ウォーターの残りが少々。そして、半分くらい食べたクッキーの袋だけだった。

さあ出発だとドアを開けると、ベルボーイがしっかりと部屋の前にスタンバっていた。さあさあ、それからの彼の行動がケッサクだった。彼は、私のスーツケースと荷物を持つより先に、食べ残しの品々に突進した。そして、みかんとクッキーを手に持ち、スーツケースのほうに歩いたが、それでは当然、スーツケースを持つ手がなくなる。それで今度は、みかんをアゴにはさんでクッキーを脇に抱えたが、ミネラル・ウォーターが残ってしまう。彼は、あっちへこっちへ、何度も持ち替えてみるが、どう考えても一度に全部は持てない。私は、あきれ果てて、その奮闘ぶりを見物していた。

最後に彼が取った解決策は……。

「おーい、アミール」と、仲間のベルボーイを大声で呼んだのだった。食べ残しを置き去りにして荷物を運んでいると、そのスキに、別の誰かに獲物を取られてしまう。だから、せめて仲間を呼んで山分けすることにしたのだろう。

そう、「リーブ・トゥマロー?」は、彼らにとっては、この戦利品を手にできるかどうかを決める、大事な大事なお宝言葉なのだ。

セカール運転手とのブロークン・イングリッシュの旅

大学院の修論の調査旅行で、南インドの巡礼地をめぐった。マドゥライの四つ星ホテルに滞在して、フロントマンの青年に、調査旅行に出たいので信頼できるタクシーを探してほしいと頼んだ。紹介してくれた運転手のセカールは、優しい目をして、お金にギンギンしない、実直なドライバーだった。ただ、英語はというと、多くの運転手がそうであるように、ほとんど話せなかった。

インドのタクシー料金は、超格安である。だからこそ、貧乏大学院生の私にも、タクシーのチャーター旅行なんかができたのだ。タクシー料金は、なんと一キロあたり三ルピー、つまり一〇円である。マドゥライの町からインド南端のカニャークマリ、東の果てにあるラーメーシュワラム、北にあるティルチラパッリをめぐる五日間の旅で、距離はざっと一五〇〇キロ。そのタクシー代が五〇〇〇ルピー（約一万五〇〇〇円）である。

五〇〇〇ルピーの費用のうち、手付け金として一〇〇〇ルピーを前払いした。残りの料金については旅が終わってから支払えばいいと聞いていた。ところが翌朝、ホテルを出発してすぐに、彼は、「ギブ・ミー、ワンサウザンド・ルピー」と言い出した。

ん？　話が違うぞ。私は身がまえた。

すると、誤解されたことを悟った彼は、英語を考え考え、必死で説明した。

「ナウ・ギブミー、ワンサウザンド。ツアー・フィニッシュ・オンリー・スリー・サウザンド」

ものすごいブロークン英語である。しかしまあ、意味はわかる。残りの四〇〇〇ルピーのなかから、もう一〇〇〇ルピーを前金として今払ってほしいというわけだ。

一〇〇〇ルピー渡すと、車はガソリン・スタンドに入った。ガソリンを買うぶんのお金を前払いしてほしかったようだ。

さて、これは調査のための旅行なので、見学地ではガイドがほしい。セカールは、お寺につくと、ガイドの見つけ方やその料金など、必要な注意事項をきちんと説明してくれた。

「ヒアー・テンプル・ガイド・カム。ユー・ライク・ベリーベリーマッチ、一五〇ルピー、マキシマム。ノット・ソー・グッド、一〇〇ルピー、イナッフ」

きれぎれに話すスーパー・ブロークン英語だが、言おうとしていることは十分伝わった。

あるときセカールは、こう言った。

「ヒア・ユー・ゴー・テンプル、マニー・チェンジ・ピープル・カム。バット・ドント・チェンジ・マネー」

車を降りて、寺のほうへと歩き始めると、どこからともなく、人がわいてきた。

「チェンジ・マネー？」

ははーん、これだな、セカールが警告してくれたのは。心のなかで大笑いしながら、無視して通り過ぎた。

両替商による詐欺は、インドの犯罪パターンによくある。私は道端でお金を替えることは、まずない。ただ、このときは、ホテルで両替しようとしたらお金がないのを理由に断られたので、現金が心細くて、どこかで両替しなきゃと思っていた。セカールのこのアドバイスがなかったら、ひっかかっていたかもしれない。

車に戻るとすぐ、セカールに報告した。

「ユー・ライト。マネー・チェンジ・ピープル・カム。サンキュー・アドバイス」

セカールは、ハハハハと大声で笑った。

だんだん、セカール流のブロークン・イングリッシュに慣れていった。よぶんな前置詞やbe動詞、助動詞なんかはすべて省いて、骨になる一般動詞、名詞で勝負するほうが、彼にはよく通じるのだ。

文化差が理解をはばむ

セカールとは、五日間の長い道中、けっこうあれこれ世間話をした。

セカールと私が同じ歳だと知り、生まれた国が違うと同世代でこんなにもリッチさが違うのかと、ジーンと感じたりした。タクシー代の計算は、距離のほかに運転手経費が一日あたり一〇〇ルピー（約三〇〇円）だったが、こんなに安くすむのは、運転手が、夜は車のなかで寝るからだった。それを知った私は、旅程を調整して、四泊のうちの一夜をマドゥライ泊に変えた。そうすれば、セカールは自宅でゆっくりと寝られる。

また、彼には三人の娘がいて、三人を大学にやるために必死で稼いでいるという。

「ジャパン・キモノ・ベリー・エクスペンシブ。ソー・スリー・ドーター・トゥー・マッチ・マネー。ファーザー・バンクラプト」

「娘三人いれば、父親は破産する」という話だが、ちゃんと通じたようで、セカールはまた大笑いした。インドでも、娘の持参金はべらぼうな金額で、娘が多いと父親は大変だ。共通の文化があると理解しやすい。

ただ、次に述べる話だけは、何度くり返しても通じなかった。それは、インド旅行の最後の一週間、私は毎日タンドリー・チキンを食べるという話だ。日本では、インド料理店でチキンやカレーをしっかり食べると一人前四〇〇〇円以上する。インドでは、チキンとカレーをお腹いっぱい食べても八〇〇円ほどで、しかもおいしい。だから、もうすぐ帰国となると、私は、大好物のタンドリー・チキンとカレーの食事を毎日とることにしている。

この話は、セカールは、最後まで理解しなかった。一回の食事に四〇〇〇円というのは、セカールの食事の一〇〇倍の金額だ。チキンは、インド世界ではものすごいごちそうなので、庶民の口にはめったに入らない。だから、チキンを毎日食べるというのは、六万円の懐石料理を芸者をはべらせて毎日食べるというくらい実体感のないことなのだろう。

文化差があまりに大きいと、相互理解がむずかしくなる。

セカールは、高等教育を受けていないからちゃんとした英語はできないが、頭のいい人だと感じた。コミュニケーション能力がすばらしい。私が言いたいことを的確につかんでくれて、私の調査目的にかなった観光やガイドのアドバイスを、言葉少なく、けれどとても効率よく伝えてくれたのだった。私は、セカールとの旅に大満足だった。

マドゥライのホテルに帰着して、残りの三〇〇〇ルピーを払い、さらにチップを上乗せして支払った。彼は、首をフリフリして深い感謝を伝えてくれた。南インドの人は、よく首を振る。言葉にならない強い感情を表したいときに、よく首を振る。

このときの首振りは、ただ単に「チップをありがとう」というだけでなく、いろんな感情が含まれていたと思う。それを私は、的確につかんだ自信があった。五日の旅の果てに、彼と私は本当に気持ちが通じる仲になっていたのだった。

言葉数少ないブロークン・イングリッシュでも、こんなに心を通じ合わせることができる事実に、私はかなり感動していた。

3 カタカナ・パワーと、その落とし穴

聞いた音を表現できるカタカナ・パワーの悲喜劇

カタカナ語は諸刃《もろは》の剣である。英語学習者にとって、あるときは心強い味方になり、あるときは危険な罠《わな》を仕掛けてくる。カタカナの本質を理解して、うまく使いこなしたい。

このカタカナ・パワーとは、実はすごいもんだ。それは、「聞いたままの音を文字で表現できる」という点である。たとえば、外国人の名前などは、その国のアルファベットと発音の仕組みを知らずとも、耳で聞いただけで、カタカナで書き表すことができる。

私はよく、外国人観光客の名前をカタカナで書いてあげる（これ、喜ばれます。知り合

った外国人で試してみよう)。「あなたの名前を書いてあげる」と言うと、お客はたいてい、名前をスペルアウトし始める。「スペルはいらないの。名前を言ってみて」と頼んで、その発音を二、三回聞くだけで、カタカナに書き表すことができる。

同じアルファベットを持つ欧米諸国の場合、同じアルファベットゆえに、読み方がゆがめられてしまう。たとえば、マイアミ Miami をスペイン語読みすると、「ミアミ」となる。インドでスペイン人と立ち話をしたとき、「食った食った」と言うから、なにを食ったのかと思ったら、カルカッタ Calcutta のことを「カルクータ」と発音していたのだった。

日本の固有名詞も、アルファベットで表記した場合は、やはりスペイン語へとゆがめられてしまう。山田 Yamada はジャマダ、和子 Kazuko はカスコ、順子 Junko はフンコ、志津 Shizu はシスになる。志津は、とくに悲惨で、たとえば「志緒野志津」と名を呼ばれるたびに、「志緒野、死す」と聞こえて、死んだ気分になってしまう。

日本企業の名前も、スペイン語圏では、惨憺《さんたん》たる読み方になる。サンヨー Sanyo は「サンジョー」、ダットサン Datsun は「ダッツン」となる。さらに、h の音は発音しないので、ホンダ Honda は「オンダ」、日立 Hitachi は「イタチ」、昭和天皇は(裕仁 Hirohito)は「イロイト」という発音になる。スペイン人観光客に初めて「イロイトは元気なのか」とたずねられたときには、なんのこっちゃと思ってしまった。

スイスの「ジュネーブ」の表記と発音は、それぞれの国で次のようになる。仏 Geneve ジュネーブ、英 Geneva ジィニーバ、スペイン Ginebra ヒネーブラ。日本語の場合、当のジュネーブにおける言語、つまりフランス語読みになる。

添乗員時代に、私は、ジュネーブの空港で、旅行会社の中国人スタッフと英語で話したことがある。彼女が「明日はザーマットですね」と言ったので、私は「いいえ、明日はザーマットでなく、ツェルマットですけど」と答えた。

私のグループは、この日ジュネーブからツェルマットに移動した。ジュネーブはフランス語圏だが、ツェルマットは、同じスイスの国にありながら、言語はドイツ語になる。Zermatt のスペルを思い浮かべて、ようやく謎が解けた。彼女は、英語の会話だから、英語発音のザーマットを使い、私の頭には、日本語のツェルマット（ドイツ語読み）がこびりついていたのだ。そう、これがカタカナ語の危険な罠の一例である。

カタカナが、どんな言語の言葉をも無差別に取り入れるパワーを持つから、カタカナ語には、世界のいろんな国の言葉が含まれている。それを英語と解釈して、英語会話で使用すれば、大恥をかいてしまう。カタカナ・パワーはすごいけれど、こうして悲喜劇を生み出すこともあるので、要注意だ。

私は最近、電子辞書を愛用している。『ジーニアス英和和英辞典』に加えて、『広辞苑』とカタカナ語辞典つきのものだ。これで、「アイス・コーヒー」をひくと、「iced coffee」という正しい英語表現と、そのカタカナ語の意味が出ている。「アイデンティティ」なら「identity」の英語が出ていて、さらにジャンプ機能を使うと、英和辞典へとジャンプして、その英単語の発音記号と意味を表示してくれる。

そして、「アルバイト」をひくと、「Arbeit ドイツ」と出るので、これは英語の単語ではないから、英会話で使ってはいけないことがわかる。「エネルギッシュ」を引くと、「energisch ドイツ」と出て、さらに「英語は energetic」と解説してくれる。

日本語のカタカナ語は、まずは日本語と認識しよう。英語として使う前には、必ず辞書でその単語を調べて、日本語の場合と同じ意味かどうか、また、英語的な発音はどうなのかをチェックする。そして、同じなら同じと覚え、違うなら要注意として、ちゃんとした英単語を覚えるようにしよう。

次ページからの「カタカナ語おもしろ落とし穴」のコラムに、一度聞いたら絶対に忘れない「危険なカタカナ語」を集めておいた。笑いながら学んでくだされ。

SPECIAL  COLUMN 1

カタカナ語おもしろ落とし穴

パターン別に、要注意のカタカナ語の例をあげてみた。

◆商標名や人名がカタカナ語として定着したもの◆

英語ではまったく意味をなさない。

・**ホッチキス** Hotchkiss は考案者の名前で、英語では stapler「ステイプラー」。

・**レントゲン** Roentgen は、発見したドイツの物理学者の名前で、エックス線の意味では、X-rays になる。

・**シャープ・ペンシル** Eversharp という商標名から由来している。英語では、mechanical pencil とか、automatic pencil と言う。

◆英語の単語ではあるが、読み方が大幅に違うもの◆

・**アレルギー** allergy ドイツ語読みから来ている。英語では「アラジー」と読む。

・**エネルギー** energy 英語では「エナジー」と読む。

・**テーマ・パーク** theme park 英語では「シーム・パーク」と読む。

・**キャリア・ウーマン** career woman 英語では「カリ

ーア・ウーマン」という読み方になる。「キャリア」と読むと carrier になり、「運搬人」「運輸業者」「伝染病の保菌者」の意味になる。仕事のキャリアを自慢したつもりが、感染者と間違われることになりかねない。発音には気をつけよう。

◆英語以外の言語から来ているもの◆

・**トイレ**　フランス語の toilet から来ている。英語にも同じ単語があるし、どこの国においても toilet は通じやすい。ただ、英語の toilet は直接的に響くらしく、英語圏ではあまり使われない。日本語でいえば、「便所」みたいな響きだろうか。とあるアメリカ人の教授夫人は、覚えたての日本語を混ぜて「Where is ベンジョー？」とたずねては、日本人をびっくりさせていた。英語圏で toilet を多用するとあんな感じになるのかな。上品な英語を意識するなら、bathroom, rest room, men's room, ladies' room など。また「どこで手を洗えますか？」Where can I wash my hands ? の表現もそのまま使える。

・**マロン**　フランス語の marron から来ている。英語では chestnut「チェスナット」。

・**パン**　ポルトガル語から来ている。英語では bread だが、スペイン語、ポルトガル語圏では、そのまま「パン」で通じる。ひと昔前にはやった「ノーパン喫茶」のことを、ラテンアメリカの友人は、「パンのない喫茶店」と解釈していた。どんな喫茶店じゃ？

◆意味するものや習慣がないため、説明しないと通じないもの◆

・**ボーナス**　bonus という語はあるが、日本とは違って臨時で額も少なく、また、全員がもらえるようなものではない。だから、日本のボーナスについては、説明が必要である。一度のボーナスが２～３ヵ月分の給料に匹敵すると言うと、外国人観光客からは大きなため息がもれる。私はいつも、「もし日本人の友人がいるなら、ボーナス直後に訪問しよう」とアドバイスしている。

・**モーニング・サービス**　喫茶店の朝のサービス・メニューは、英語圏にはない習慣なので、具体的な説明が必要。説明なしに morning service と言えば、「教会での朝の礼拝」の意味に受け取られるかもしれない。

◆同じ単語は存在するが、意味が違うので要注意のもの◆

・**フリー**　free は、「自由な」「無料の」「暇な」の意味になるので、フリーライターなどと言うと、「よほどヒマで売れないライター」と思われるかも。この場合は free-lance と言えばよい。

・**ボーイ(ガール)フレンド**　英語の boy friend は、「友だち」ではなく「恋人」の意味になる。単なる友だちの性別を言いたいなら、male friend、female friend がいい。

・**マンション**　mansion は個人の大邸宅を意味する。くれぐれも、70平米そこそこの日本のマンションに使わないこと。日本のマンション、つまり分譲式の集合住宅は condominium または略して condo。賃貸式なら、いくら高級であっても apartment (house) である。ちなみに、condo に m をつけるとバース・コントロールの道具になる。condo と condom を混同（こんどう？）すると、ややこしい話になる。

・**セックス**　性行為の意味だけでなく、「性別」の意味でごく普通に使われる。入国カードの「性別 sex」の欄に、「once a week」などと書かないように。

「サービス」の意味も、お国それぞれ

ここでは、ブロークン・イングリッシュで旅したツーリストの爆笑失敗談をいくつかご紹介しよう。

ウルトラ・ミーハー・コースを選んだあなたは、失敗を恐れてはいけない。生真面目で完全主義な日本人というパーソナリティはスッパリと脱ぎ捨て、陽気で饒舌《じょうぜつ》なメキやんやインド人にならなくてはいけない。失敗を恐れず飛び込み、笑い話で周囲の人を楽しませてあげよう。これぞ、ミーハー・コースの正しい歩み方である。

まずは、カタカナ語を直訳したら意味不明になるという例。バリ島のリゾート・ホテルのビーチでのんびりと昼寝を楽しんでいたとき、私の耳に妙な英語が飛び込んできた。

「イズ・ジス・サービス?」

ビーチ・チェアを指さして発せられたこの問いに、ホテルのインドネシア人スタッフは、理解できずに首をかしげていた。

「イズ・ザット・サービス・トゥー?」

このビーチには、ビーチ・チェアだけでなく、私たちが「お昼寝スポット」と名づけて

いた、八畳くらいのスペースに屋根のついたものがあった。まあたしかにこのスポットは、日本人の貧乏根性では「無料」というのが信じがたいほど、リッチなスペースだった。

私は、リッチなお昼寝スポットでトロピカル・カクテルでまどろみながら、今聞いた英語を分析し、「あれはきっと日本人だな」と結論していた。

サービスという言葉を、「オマケ」とか「無料」とかの意味で使うのは、日本独特の用法なのだ。サービス service という英語の意味は、「業務、接客、儀式、兵役」などいろいろあるが、「これはサービスしておきます」というニュアンスはない。

この場面での正しい質問のしかたは、「イズ・ジス・フリー・フォー・ゲスト？（宿泊者には無料ですか？）」になる。

もっとも、世界の常識では、こういうのは無料に決まっている。日本のホテルには、宿泊者のプール利用に二〇〇〇円以上ぶんどる所もあるが、世界のスタンダードからはかなり常識はずれのことだ。日本のホテル関係者は、このことを知っているのかな。

京都の某ホテルにスペイン人の視察団をお連れしたとき、ホテルの日本人スタッフが英語で施設説明をした。

「こちらがリニューアルした新しいプールです」「ここでは、お抹茶をいただけます」と自慢するスタッフのお兄さんが、むちゃくちゃ生意気で頭にくるヤツだったので、私は列の後ろから、「プールの使用料は宿泊者でも二〇〇〇円」「グリーン・ティー一杯一〇〇〇円」とスペイン語で補足説明してやった。お客たちは、プールや茶室の美しさよりも、料金の高さに目をむいて驚いていた。ホホホ。

もうひとつ、サービスをめぐる失敗談の逆バージョン、つまり、外国人が意味の違いを知らずに自国の言葉を英語に流用し、日本人が理解に苦しんだケースをご紹介しよう。

日本のとあるホテルで、アゴひげを生やした貫禄たっぷりの欧米人紳士が、ベルボーイに質問していた。

「フェア・イズ・ザ・サービス？（サービスはどこにあるのか）」

日本人スタッフは、理解できずに戸惑った表情で聞き返していた。しかしその紳士は、

「フェア・イズ・ザ・サービス？」

と同じ質問をくり返すばかりだ。

私は、ガイドの仕事でお客を待ってロビーでスタンバっていた。

変な英語だなぁ。どういう意味なのかなぁ。そうだ、サービスのスペイン語版である

「セルビシオ」にはトイレの意味もある。そうか、この人はスペイン人で、「ドンデ・エスタ・エル・セルビシオ？（トイレはどこですか？）」を、そのまま英語に直訳して使ったのだ。つまり、この紳士はトイレに行きたいのだ。

ようやく名探偵明智小五郎（私のことだ）がその結論に達したと同じ瞬間に、ホテルのスタッフは、もっと原始的なインスピレーションで問題を解決していた。

その紳士は、とにかく一刻も早くトイレに行く必要があったらしく、今にも漏らしてしまいそうなせっぱ詰まった様子で、顔を真っ赤にして地団駄踏み出したのである。

「フェアー・イーズ・ザ・サービーーース？」

数度目に吐いたその言葉は、もう地獄の底から響きわたる閻魔《えんま》大王のような怒声になっていた。ここでようやく質問の意味を察知したスタッフが、彼の手を取って走り出した。

そう、トイレのほうへと。

単語はキッチリ発音しよう

誰かの留学体験記で読んだのだが、スペインに留学したばかりの日本人の女の子が、アパートの洗面所に鏡を取りつけるための釘を買いに、町へ出た。

釘は、スペイン語ではクラボ clavo というのだが、彼女は clavo を calvo と混同してしまい、店のオヤジさんに、「カルボをひとつくださぃ」と言った。カルボは「ハゲ頭」の意味だ。そして間《ま》の悪いことに、そのオヤジさんの頭は、まさに「カルボ」だった。

日本人の女の子に「ハゲ頭をひとつください」と言われたハゲ頭のオヤジさんは、さぞかしたまげたことだったろう。オヤジさんは、どう答えたものかとウロウロし、そばにいた友人は涙を流して笑いころげたそうだ。

私自身にも同様の失敗談がある。

京都の三十三間堂を初めてスペイン語で案内したとき、頭上にたくさんの額(「通し矢」という、行事の優勝者の名前が書かれた木製の額)が掲げてあるのを見せようとして、「頭上の額をごらんください」と言うつもりが、cuadro(額)とcuadra(馬小屋)を混同し、「頭上の馬小屋をごらんください。ずらりとたくさんあるでしょ」と言ってしまった。

頭上に馬小屋がたくさんあると聞いた観光客たちは、メチャクチャびっくりして、恐る恐る頭上を見上げていた。

あとで、親切なお客がこっそりと訂正してくれた。感謝感謝。

スペイン・オーケストラの地方巡業公演の添乗をしたときのこと。

オケの面々というのは、各国を旅慣れているから自立心に富んでいて、自由勝手にあちこち探検する。あるとき、一人のメンバーが私のところにやって来て質問した。

「ウノは日本語ではなんて言うの?」

「イチ」

「セルベーサはなんて言うの?」

「ビール」

彼女はそれだけ聞けばOKとばかりに去っていき、質問の意図についてはなにも言わなかった。しかし、翌日また質問に来た。

「昨日、あなたに教わった日本語で居酒屋でビールを注文したんだけど、なぜかウェイターが急に大笑いしたのよね。いったいなぜなの?」

「どう注文したか、再現してみてくれる?」

「えーとね、イチビル」

そりゃ、スペイン人のごっついオバサンから、唐突に「イチビル」と言われたウェイターは、さぞや驚いたことだろう。

イチビルというのは、「ふざける」「やんちゃする」というような意味の関西の方言で、名詞形の「イチビリ」もよく使われる。

スペイン語には長母音が存在しないから、私が「ビール」と教えても、彼女が発音すると「ビル」となる。

それに、ここがおもしろいのだが、ビールをひとつ注文するのは、英語「ワン・ビアー」スペイン語「ウナ・セルベーサ」、そして、ほかのヨーロッパ語も、おそらく大部分がこの語順でいける。

だから、ヨーロッパを旅慣れている彼女は、「イチ」と「ビール」さえわかればビールの注文は可能だと思ったのだろう。

ところが、多くの欧米言語とはかけ離れた文法構造を持つ日本語は、そう簡単にはいかない。居酒屋でのビールの注文は、「ビール、一本」と言うのが普通だろう。さらに通になれば、「とりあえず」という決め言葉をつけると、よりパーフェクトになる。

日本語というのは、けっこうややこしいのである。

第6章 英語道場としての海外旅行活用法

1 行かなきゃ損、お値打ち海外旅行
2 インドでの英語武者修行
3 旅の各場面での会話
4 英語道場としての海外旅行

●ホテル代を割引いてもらう術●

●ときにはハッタリも必要●

●英語道場の旅のポイント●

●要はコミュニケーション能力だ●

1 行かなきゃ損、お値打ち海外旅行

円高に便乗して海外へ！

ミーハー・コースの人たちが、「やっぱり英会話は絶対に必要だ」と思うのは、たいていは、外国人に道を聞かれて恥をかいたときか、海外旅行のときである。一週間ほどの旅行中に英語の必要性を痛感し、「よし、日本に帰ったら英会話を習うぞ」とかたく決意するが、旅が終わるとともに、鉄の決意は夜露のごとく消え失せてしまう。

国際観光白書によると、一九六〇年に七〇〇〇万人だった全世界の国際観光客数は、九六年には八・五倍の六億人にまでふくれ上がった。二〇一〇年には一〇億まで成長すると予測されている。日本からの海外旅行者数は、一九八四年の年間三〇〇万人から、今は一七〇〇万人にまでなり、約六倍の急成長である。

一九八五年のプラザ合意で円高ドル安が進み、当時二四〇円だったドルが、八七年には一五〇円まで一気に下がり、九五年には八〇円もの安値をつけた。円高ドル安時代の到来である。あのころの外国人観光客は、円が強いため、旅のおこづかいのドルがどんどん目減りするのに不機嫌になったものだ。不機嫌な外国人ツーリストのお世話にイヤ気がさしながら、私は考えた。

「この円高の今、もしかしたら、日本でガイドなんかやってる場合じゃない。そうだ、海外旅行をしよう」

というわけで、一九九五年から、私の世界放浪旅行が始まったのである。

その後の円は、一ドル一〇〇円から一三〇円くらいをウロウロしている。日本経済はお先真っ暗と言われたとき、私はまた一ドル三六〇円時代が再来するのではないかと心配して、老後の海外旅行のための外貨預金を始めた。二〇〇円くらいまでいったらドルを売るつもりだが、今のところその気配はなさそうだ。

これはいまだに、ホンダの車やソニーのビデオが、海外マーケットにおいて絶大な人気を保っているからなのである。しかし、二〇年後、三〇年後には、韓国製品や中国製品に追い抜かれて、日本製品は見向きもされなくなってるかもしれない。そのときには、本当に一ドル三六〇円時代が再来するかもしれないと思っている。

何が言いたいかって。おわかりでしょ。一ドル一二〇円そこそこの今は、国内旅行よりずっとお値打ちの海外旅行をするべき時期なのだ。

老後は海外のロング・ステイをめざせ

日本国内のユースホステルで出会う若者のなかには、「海外旅行は絶対にイヤ」という人もいる。男性に多いのだが、「言葉の通じない所なんて、行きたくもない」と言う。それがイカン。時流に乗り遅れている。

日本のユースホステルは、一泊三五〇〇円から四〇〇〇円ほどするが、物価の安い国なら、その金額で、安宿なら一週間過ごすこともできる。体力のないオバサンである私は一泊三〇ドルくらいのホテルに泊まるが、三〇ドル出せば三つ星の豪華なホテルに泊まれる。

経済学者の志緒野マリ（注・あくまで自称）が予測するに、今後、日本製品はしだいに競争力を失っていき、日本は世界の富裕国の座を守り切ることができなくなるだろう。そうなると、日本の経済が大混乱するかもしれない。だからこそ、今のうちにせいぜい海外旅行をして、外国を旅する技術、他国で生きる知恵を身につけるべきなのだ。

そして、預金の何割かは外貨預金にしておくのがいい。そうすれば、そのときの経済状況に応じて、老後を過ごす国を選べるようになる。永住する必要もないが、三ヵ月くらいのロングステイをくり返すことで、老後の人生を豊かにすることができる。

エクアドルを旅行中、品のいいエクアドル人のご夫婦と知り合った。彼らはかなりの親日家なのだが、それは、彼らの町クエンカに二組の日本人が住んでいるからだった。「物価が安いから、日本でもらう年金の半分で暮らせる」と、その日本人は言っているらしい。たしかに、エクアドルの古都クエンカの物価は安い。生活するのに月に一〇〇〇ドルもかからないだろう。気候はいいし、平和だし、町並みは美しい。そこに住んでいるという日本人は、働きざかりに南米駐在を経験したのでスペイン語を話すことができ、生活には不自由しないという。うーん、オシャレではないか。

私は、この先、日本経済が悲惨な状態になり、老婆の一人歩きができないような物騒な国になったら、どこかヨソの国に脱出しようと心に決めている。

2 インドでの英語武者修行

インドでは何事も交渉の連続

インドほど、交渉がモノをいう国はない。一〇億の民がひしめいている国だから、おっとりかまえていると、どんどん外へ押し出される。

空港のチェックイン・カウンターの列などでも、前の人との間隔をあまり大きくとっていると、いつの間にやらインド人のオッサンが横入りしてくる。

「エクスキューズミー。ウイー・アー・キューイング」(ちょっとぉ。みんな列に並んでるんだけどぉ) とでっかい声で抗議しないといけない (注・エクスキューズミーも、怒りを込めた声で言うと、十分抗議の言葉になる)。

すばやく割り込むことにかけては、私は、大阪のオバチャンとしてけっして他人にひけを取らないほうであるが、それでも、ネパールからインドに入国したときには、インド人観光客に負けた。

たしか、列の真んなかあたりにいたはずのインドの家族連れや団体客が、いつの間にか入国カードを数枚重ねて係官に提出していて、さらには、後ろにいたはずの連れが、どさくさにまぎれて私を追い抜いていた。

ハッと気がついたときには、五〜六人の欧米人ツーリストと私だけが取り残され、インド人観光客は全員、空港ビルから消えていた。ネパールのおっとりムードが抜けきってなかったわれわれは、見事にだしぬかれてしまった。

しかし、インドを長く旅していると、欧米人ツーリストもしだいにインドのリズムを身につけていく。

あるとき、初老のアメリカ人と私は、チェックイン・カウンターが開くまでのあいだ、椅子にすわってオシャベリしていた。しかし、このおじいさん、カウンターが開くやいなやすばやくダッシュして、列の先頭をゲットしたからすごい。

あるとき知り合ったカナダ人のオバサンも、私と話すときはとても優雅な表情をしているのに、リキシャマンとの値段交渉になると、まるで魔法使いのバアサンのような面相に豹変した。

みんな、インドでは苦労してるんだなと思った。インドを旅していると、否応なく交渉の場面にいきあたる。だから、ミーハー英語を鍛えるには絶好の場と言える。

ゲーム感覚のかけひきでホテル代割引をゲット

私が体験したインドでの交渉場面のいくつかをご紹介しよう。

まずは、初級英語でも可能な交渉パターン。

チェンナイのホテルにチェックインした。『地球の歩き方』に「読者割引一〇パーセント」と書かれて紹介されていたホテルである。これまでは、割引のことを主張しても、「そんな割引は知らない」と断られることが多かった。だから、あまりアテにはしていない。ダメ元の交渉だった。

「この本に、一〇パーセント割引って書いてあるんだけど」

「いや、そんな割引はないよ」

「そう。じゃあしかたないわね。私は日本に帰ったら、この本の会社に連絡して、この記述を削除してもらわなきゃね。そうすると、ここに来る日本人の数は、まあ、半分以下になるわね」

もう、われながら驚く、口から出まかせというやつである。

しかし、「半分以下（レス・ザン・ハーフ）」というセリフに、相手は反応した。

「ちょっと待って」

と事務所の奥に入っていった。どうやら、ボスとなにやら相談しているようだ。

「オーケー」

「へっ？　割引でいいの？」

「ああ、いいよ。半分以下に減ったら困るからね」

おっ、出まかせを信じよった。わあーい、やったぁー。

しかし、うれしいような、さびしいような、インド人になったような、複雑な心境だった。まあ、いいっか。インドでは、だましてもだまされても、イッツ・ア・ゲームなのだ。ゲーム感覚でかけひきを楽しめばいい。

ヒンドゥー教徒になった話

次は中級英語編。

セカール運転手との旅のクライマックス、ラーメーシュワラムの「井戸水ぶっかけ寺」に行ったときのことだ。修士論文では各地の巡礼地を取り上げたのだが、なかでも興味があったのが、日本の霊場めぐりによくある「三三カ所」とか「八八カ所」のように、なんらかの数字にこだわるめぐり方である。

あるとき、インドにある二二の井戸をめぐる巡礼を、テレビカメラが映し出していた。レポーターが、それらの井戸をめぐっては、水をぶっかけてもらっていた。私はこれにものすごく興味を持ち、セカールの運転で、このラーメーシュワラムの町を訪れた。

ガイドブックによると、この寺は三つの回廊に取り囲まれており、なかのほうへはヒンドゥー教徒しか入れないという。しかし、テレビカメラは入っていた。だから、もしかしたら例外的に入れるかもしれないという期待があった。

セカールは、この町のツーリスト・インフォメーションへ私を連れていってくれた。そこで私は、「大学の調査のために、ぜひすべての泉を見学したい」と切り出し、日本の巡礼について説明し、インドの井戸水巡礼と比較したいことや、ほかにもあれやこれやあることないことまくしたて、強くしつこくお願いした。

すると、男性スタッフの一人が、

「あなたは、ウソをつくことができますか?」

と聞いてきた。ん?

その男性スタッフは、案内人を紹介してくれた。プロではなく、彼の幼なじみということだが、寺のことは隅々まで知っているという。その案内人は、私の額にクムクムという赤い粉で点を描いてくれた。

「あなたをヒンドゥー教徒としてお連れしますから、そうウソをつき通してください。でないと、面倒なことになります」

彼のあとをついて、寺に行く。「ここからはヒンドゥー教徒のみ」と書かれたスポットには、番人のオジサンがいた。

彼とオジサンの会話。(注・あくまで私の推測した解釈)

「ダメダメ。ここからはヒンドゥー教徒しか入れないよ」

「彼女はヒンドゥー教徒なんだよ」

すると、番人のオジサンの表情がガラッと変わり、満面に笑みをたたえながら木戸を開けてくれた。

「なあんだ、ヒンドゥー教徒なのか。それなら問題ないよ。さあ、どうぞどうぞ」

私は合掌して、「ナマステー（ヒンディー語のこんにちは）。ヒンドゥーヒンドゥー」と言いながら、その門を通った。しかし、心のなかではこう思っていた。

「ホンマかぁー。ホンマに信じたんかぁ。私がヒンドゥー教徒だと」

インドの寺は裸足で歩く。寺の回廊は、水びたしの人が歩くので、泥でぬかるんでいる。コウモリのフンの臭いがただよっている。足裏の感触がヌルヌルッと気持ち悪い。

私は、ジーパンの裾をまくり上げて、転ばないように、ヌルヌルの廊下をペンギンのようにヨチヨチと歩いていた。首からはカメラを二つもぶら下げ、あたりをキョロキョロ見まわし、案内人の説明をフムフムとメモしていた。

この姿のどこがヒンドゥー教徒やねん。バリバリのツーリストやんか。

まあいい。おかげで私は、貴重な調査をさせてもらえた。井戸には、一から二一までの番号が打ってあり、信者のグループは、バケツを持った水かけ人を雇って歩く。水かけ人は、井戸の縁に登って、ヒモつきバケツを水面まで下ろして器用に水をくみ、お参りの人

ヒンドゥー教徒になりすましてゲットした写真。
井戸水22杯をかぶる過激な巡礼だ。

に頭から水をぶっかけていく。

こうやって、二三杯の水をかぶるという、ものすごい巡礼である。水をかぶったあと、更衣室で新しい服に着替え、寺の中心にある、聖なるリンガにお参りするのである。リンガというのは、ペニスをかたどったものだ。ここの寺には、とりわけ聖なるリンガがあり、みな、恍惚とした表情でそのリンガを拝んでいる。

いやあ、インドの信仰場面は、おもしろすぎて目が釘づけになってしまう。

「私は日本のベスト・ガイドよ」

もうひとつ、インドでのケッサク体験を書くが、これは上級英語編かな。

オリッサ州を旅したとき、近郊の町をまわろうと思い、ツーリスト・オフィスで、ガイドとタクシーを手配した。今回の観光人類学の調査においては、ガイドの制度や資質もポイントに入っていた。だから、優秀なベスト・ガイドを、どうしてもゲットしたい。

こうした場面では、何よりも交渉力がモノをいう。

「私は、ツーリズムの調査に来ているので、ただの観光じゃないのよね。だから、ちゃんのガイド役は大先輩のガイドさんがほしいの」

インドといえばガンジー氏が有名だが、ラジブ・ガンジー氏が京都を訪問したときのリセプションに、私は通訳として出たことがある。ガンジーさんのガイド役は大先輩のガイドさんだったのだが、リセプションに出た三人の通訳の一人が私だった。これを、インド流ハッタリでふくらませた。

「私はね、自分自身がガイドだから、ガイドの資質はすぐにわかるのよ。ラジブ・ガンジーさんが日本に来たときに、彼をガイドしたのよ。まあいわば、私は日本のベスト・ガイドなのよね」

いやぁ、こんな恐ろしいハッタリ、日本では口が裂けても言えない、本当は謙虚でつつましい私なのだが、なぜかインドでは、インド人顔負けのハッタリ屋になってしまうのだ。

しかし、このハッタリは大いに効果を発揮したようで、

「オリッサ州のベスト・ガイドは、今ツアーに出ているが、夕方には戻るから、彼の都合を聞いてからホテルに電話します」

との返答を得ることができ、その夜、約束通り私に電話が入った。オリッサ州のベスト・ガイド氏は、たしかに、きれいな英語を話す人だった。私は、セカールとのブローク

ン・イングリッシュの旅の直後で、若干、英語が訛り気味だったのだが、こりゃイカンとばかりに意識して、美しい発音で話すよう、脳ミソのチャンネルを切り替えた。

翌日、オリッサ州のベスト・ガイドさんとともに、ツーリスト・オフィスのオジサンも姿を現し、こう言ってきた。

「いやあ、オリッサのベスト・ガイドが日本のベスト・ガイドを案内するなんて、こりゃぜひ見物したいですな。私も同行してよろしいですか?」

おかげで、二人のガイドにエスコートされて、この日、世界遺産のコナーラクの遺跡と、聖地プリーの寺とを見学した。たしかにベスト・ガイドらしく、すばらしい案内ぶりだった。コナーラクには遺跡の専門ガイドがいたが、新人のひよっ子ガイドたちに数ヵ月前に新人研修をしたのも彼だそうだ。

コナーラクでは、四人の遺跡ガイドが案内してくれた。彼らも、先生の前ではちょっと緊張気味で、数ヵ月の経験の成果を見せるがために、非常にていねいに長々と説明してくれた。うれしかったけれど、ものすごい暑さの炎天下で、フラフラッと倒れそうになりながらの見学だった。

見学のあと、みなで冷たい飲み物を飲んでいるとき、ベスト・ガイド氏が、四人のひよっ子ガイドに私のことを紹介した。

「この方はねぇ、あのラジブ・ガンジーさんを日本で案内した人なんだよ」

ひよっ子ガイドは、たちまちにあこがれの目つきになり、四人いっせいに合掌し、首をフリフリしながら、「ナマステー」とあいさつしてくれた。

集団で合掌して拝まれると、なんだか神様になったような気分だ。

ベスト・ガイド氏は、昼食のときに言った。

「いやあ、昨夜あなたと電話で話したあとで、この彼に言っていたのですよ。すごい！あのマダムはすばらしい英語を話される方だと。あなたの英語は本当に美しい」

あのときは、ブロークン・イングリッシュを消すために、ウッと緊張し、クリアな発音を意識したのだったが、あれは正解だった。セカール運転手の訛りがうつったままだったら、日本のベスト・ガイドの名誉を傷つけてしまうところだった。

インドという国を旅すると、外国人観光客はいやおうなしに目立つ。アホなツーリストだと見破られると、たちまちのうちに、ボろうとする小悪党たちがわらわらと近寄ってくる。しかし、自分の意志をはっきりと主張できる言語能力があると、こんなにも愉快な経験をさせてもらえる国なのだ。

3 旅の各場面での会話

空港、機内では積極的に質問、注文しよう

ここでは、旅の各場面での会話について説明しよう。最初に書いた、ＬＡ空港のダンマリ君のように旅するのではなく、饒舌で厚かましいインド人になることだ。

旅の始まりは、まず飛行機。空港は慣れれば簡単だが、初心者にはわからないことも多いだろう。空港で迷ったら、制服姿の空港スタッフにどんどん質問しよう。思うに、日本では見知らぬ人に声をかけにくい文化がある。しかし、旅人は道に不案内で当然なのだから、どんどん聞けばいい。英語道場としての旅を意識するなら、なおさらのことだ。

航空会社のチェックインカウンターでは、座席のリクエストをしよう。座席は、通路側か窓際か、喫煙か禁煙か（最近は、全席禁煙が多い）。次の便への乗り継ぎ時間の短さが心配なときは、そのことを説明して、出口近くの席をお願いすることもできる。

機内では、隣に外国人が座っていたら、とりあえず話しかけてみよう。自分の英語を鍛える絶好の機会を見送る手はない。ラテンアメリカ地域の飛行機などでは、あちこちで見知らぬ人同士がオシャベリしている。こうした場でずっと黙っていると、「この人は英語ができないのだ」と思われてしまう。世界には日本に興味を持っている人が多く、見知らぬ相手とでもけっこう話がはずむものだ。

もっとも、最近の私は、機内でずっと質問攻めにあうのがイヤで、英語のできない日本人のフリをして寝ていることも少なくない。だって、無料でガイドしているみたいで、損した気分になるんだもん。

タクシー料金は交渉があたりまえ

旅人にとって、いいタクシーは心強い味方である。しかし、当然ながらその一方で悪いタクシーも存在するので、気は抜けない。

まず気になるのが料金だが、メーター制なら安心かというとそうでもない。遠まわりされる危険性がある。交渉制は面倒という人もいるが、私は交渉制が大好きだ。インドやメキシコでも、いったん交渉が成立したあとは、いつも気持ちよく旅させてもらっている。

料金交渉をする前に、ガイドブックやホテルスタッフの情報から、目的地までのおおよその料金相場を知っておくことが大事だ。相手が値段をふっかけてきていないかを判断するためにも、事前の情報収集は基本中の基本といってよい。

交通の不便な観光地に行く場合などは、チャーターするといい。チャーターのやり方はいくつかあるが、もっとも安く上がるのは、タクシーに直接交渉する方法だ。道端で、何台かに料金をたずねて交渉する。このかけひきが楽しい。中南米では、だいたい一時間あたり八～一〇ドル、一日チャーターしても三〇～五〇ドル程度の国が多かった。

ただし、長距離のチャーター、人の少ない場所に行く場合などはリスクがともなうので、ホテルのフロントを通して信頼できるタクシーを紹介してもらおう。

チャーターの場合、運転手は時間よりもガソリン代を気にすることが多いから、移動距離が料金決定のポイントとなる。「ここと ここに行って、だいたい半日くらいかけたとして、いくらになる?」とたずねればいい。もし、提示された料金が妥当かどうか判断しかねるときは、「ええっ、そんなに高いのぉ」とあきれた顔をして、立ち去るといい。高値をふっかけてる場合は、相手があわてて値を下げてくる。

交渉が成立したら、もう運ちゃんは、お友だち。道中はずっと、オシャベリを楽しんでいこう。運ちゃんはたいてい機嫌がいい。なぜなら、チャーターの仕事は、彼らにとってもオイシイ仕事なのだ。

ボリビアのスクレという町では、とっても陽気で楽しい運転手にあたって、道中二人で笑いっぱなしだった。ラテンアメリカのタクシーでは、お客が一人の場合は助手席に乗り込むことが多い。このときの運ちゃんは、乗るときに「どっちに乗る?」とたずねてきた。もちろん、私は助手席を選んだ。この選択の瞬間から、彼は運転手ではなく、お友だちになるのだ。

ホテルの部屋の快適度は交渉しだい

インドやメキシコなど、メンテナンスに問題がありそうな国のホテルでは、私は必ず、事前に部屋を見せてもらうことにしている。宿帳に書き込む前に見せてもらう。部屋がよくなければほかのホテルに行くわよ、という姿勢を見せるのだ。

「部屋を見せてくれる？」とたずねると、たいていのフロントスタッフが並んだキーをにらんで、問題のなさそうな部屋を思案顔で探し始める。見方を変えれば、文句を言わない客は、よくない部屋を適当にあてがわれているということである。

このときに頼りになるのがベルボーイ。彼らは、お客を部屋に案内するのが仕事だから、どの部屋がどんな状態なのかを、誰よりもよく知っている。「景色のいい部屋」「日あたりのいい部屋」「静かな部屋」などと希望を言うと、ベルボーイがフロントスタッフに「それなら〇〇〇号室がいい」とアドバイスすることも多い。

部屋のチェックの際は、シャワーの湯、トイレの水、テレビ、空調、ドアのセキュリティー、窓からの景色など確認し、不満があればどんどん言う。いくつも部屋を見せてもらって手間をかけたと思ったら、ベルボーイに五〇～一〇〇円増し程度のチップを渡せばいい。また、インドなどでは、ほんの五ドルほどの差額の追加で、部屋のカテゴリーをスイート suite などに上げられることが多い。

ちなみに、シーズン・オフの場合は、交渉しだいで料金を安くしてもらったり、部屋をグレードアップしてもらったりが可能なので、ゲーム感覚でかけひきを楽しもう。

ネパールでは、一〇〇ドルの宿代を四〇ドルに、三〇ドルを八ドルまで値切ったこともあった。メキシコの高級リゾートのカンクンでは、「二五〇ドルは高すぎる」と交渉したら、「値引きはいっさいできない」と断られたものの、一五〇〇ドルのスイートをくれて大感激した。ホテルの部屋選びでのかけひきは、旅行中のさまざまな交渉の場面のなかでも、やりがいが大きいもののひとつといえる。

また、ホテルのフロントスタッフは、大切な情報源である。おいしいレストランの場所、治安情報、観光の相談、なんでも気軽にお友だち感覚で聞こう。

留学時代、メキシコの田舎町で滞在した中級ホテルは、二〇年間同じスタッフが働く、家族的なホテルだった。今でも、電話で予約すると、「マリなのか。元気でやってるか」と名前を覚えていてくれる。ここ数年は、アメリカ人観光客の宿泊が増えたらしい。おいしいタコス屋の場所を聞いたときなんか、私とは昔からスペイン語で話しているスタッフが、説明のための地図を私の前に置いたとたん、言語モードが英語に変わった。「もしもし、英語で話してますよ」と言うと、「ごめんごめん、最近、アメリカ人が増えたから、ついクセが出て」と頭をかいていた。もう彼とは二〇年来のお友だちである。

SPECIAL  COLUMN 2

ウルトラ・ミーハー文型帳

ここでは、旅の各場面でよく使う基本的な文型について解説してみたい。

相手に用件をわかりやすく伝えるためのポイントは、言いたいことを単純化し、ブチブチちぎって単文で勝負すること。

たとえば、ホテルの部屋に関する次のようなクレームを例にとってみよう。

「この部屋は、せまいし日あたりが悪いし、シャワーの出もよくないので、もう少しいい部屋に替えてもらえませんか？」

こんな長い文を英語にしてしゃべるのは無理、と思ったときは、「部屋が小さい。暗い。シャワーがよくない。部屋を替えてほしい」というように、単文にちぎって内容を単純化すると、初級文法でも処理できる。

シャワーの出具合についての説明などはむずかしそうに思えるが、

The shower is not good.

「シャワー（の調子）がよくない」

Water pressure is not enough.「水圧が不十分だ」

Water doesn't come out well.「水の出が悪い」

Too little water.「水の量が少なすぎる」

Water is not hot enough.

「湯（水）が熱くならない」

など、単純な文型で表現できる。

複雑なことが言えそうもなければ、最後の手段はこれだ。

I have a problem. Could you come with me?（困っています。私といっしょに来てくれませんか？）と、スタッフを部屋に連れていき、現場を見せて指さし、This is not good. I don't like this.（これは〔調子が〕よくありません。これはイヤです）と意志表示するのである。

以前、中国へ添乗したとき、英語が通じなかったので、このやり取りを漢字の筆談でして、スタッフを連れて、お客の部屋のトイレを５つくらい修理させた。効果のほどは実証ずみである。

◆飛行機編◆

【文型】I'd like ＋名詞「～がほしい」

want よりもよく使う表現。発音はアイド・ライク・～。これひとつでＯＫ。

例：I'd like an aisle seat.「通路側の席をお願いします」

aisle の発音は「アイル」。

【文型】名詞, please.「〜がほしい」

これでも十分に用が足りる。ただし、かならず please をつけるのを忘れずに。つけないと、アナタは尊大でイヤーな客になる。

例：Aisle seat, please.「通路側の席をお願いします」

ちなみに、a や the の冠詞は省いても問題ない。

【文型】I'd like to＋動詞「〜したい」

よく使う動詞は、have、take、get など。

例：I'd like to have another blanket.

「もう1枚、毛布をください」

（参考）another cup of coffee なら「コーヒーのお代わり」。another を使いこなそう。

【文型】Do you have＋名詞？「〜はありますか？」

ほかに Is there ＋名詞？の構文もあり、状況により使い分ける。直訳で覚えるのではなく、それぞれの文の意味あいの違いを理解して使い分けるようにする。

例：Is there a Japanese restaurant around here？

「このあたりに、和食レストランはありますか？」

対話の相手が、そのモノの有無に無関係の立場の場合は、この文型を使う。

例：Do you have Japanese newspaper？

「日本の新聞はありますか？」

対話の相手が、そのモノの有無に責任がある立場の場合は、この文型を使う。機内や店での質問はこっちになる。

◆ 依頼表現の二大パターン。
主語を相手にするか自分にするか ◆

【文型】Could you＋動詞？「（あなたは）～していただけますか？」

【文型】Could I ＋動詞？「（私は）～してもいいでしょうか？」

発音は、クッジュー、クッダァーイ。主語が違うから、動詞も文脈に応じて変わる。

英語においては、「動作」と「動作の主体」、つまり動詞と主語の関係を明確に意識する必要がある。

「私は、コーヒー」は、I'm coffee. ではなく、「コーヒーにするわ」は、I'll do coffee. ではなく、I'll have coffee. になる。

直訳のワナにはまらず、「私はコーヒーをいただくわ」という本質の意味を見抜き、日本語の省略表現の背後に、「飲む」「いただく」の動作が埋もれているのを見抜く。

また、日本語では相手に話しかけるときに主語を言わないことが多いが、動作と主体を考えれば、英語で言うときの主語はおのずと決まる。

例：Could you speak a little more slowly?

「もう少しゆっくり話していただけますか？」

Could I take this seat?

「ここに座ってもよろしいですか？」

Could you show me the way to the station ?

「駅への道を教えていただけますか？」

Could I see the room first?

「まずは部屋を見たいのですが」

◆ホテル編◆

【文型】I'd like to make a reservation for＋名詞

「～の予約をしたいのですが」

例：I'd like to make a reservation for one single room, on September 26th, Friday for 3 nights.

「９月26日の金曜日から３泊、シングルルームを一部屋予約したいのですが」

まず「予約がしたい」と言って、あとは、部屋のタイプ、人数、日付、泊数などを告げる。前置詞などは神経質にならなくていい。ただし、とくに電話では、日時や曜日や泊数については、誤解のないよう二重三重にくり返して言うといい。

レストランの予約の場合は、日時、人数に変えるだけでＯＫ。

例：I'd like to make a reservation for tonight's dinner, at

7 o'clock, for 5 people.「今夜7時から5名でディナーを予約したいのですが」

Do you have a tariff ?

「(部屋の) 料金表はありますか?」

こう聞くと、印刷された料金表を見せてくれる。料金表がない場合は、口頭で説明してくれるはずだ。

例：Do you have a room (for tonight)?

「(今夜) 部屋はありますか?」

Do you have a room with bath[air-conditioner, nice view]?「バスつきの (エアコンつきの、景色のよい) 部屋はありますか?」

with 以下の名詞を入れ替えれば、「〜つきの」という意味を自在に表現できる。

「静かな部屋」なら a quiet room 、「日あたりのいい部屋」なら a sunny room 。

【文型】名詞+doesn't work「〜が機能しない (こわれている)」

【文型】I really need+名詞「どうしても〜が必要なのよ」

really を強く発音することで、「どうしても」「絶対に」という気持ちが出る。

◆タクシー編◆

【文型】I'd like to＋動詞「〜したい」

例：I'd like to visit A and B.

「AとBを訪ねたいのです」

I'd like to charter (your) taxi for about 6 hours.

「6時間ほど（あなたの）タクシーを借り切りたいのですが」

【文型】How much is＋名詞？「〜はいくらですか？」

例：How much is it?「それはいくらですか？」

How much do you charge?

「料金はいくらですか？」

2番目の文は応用例。直訳すれば「あなたはいくら請求しますか？」という聞き方で、高く請求するならよそへ行くよ、というニュアンスが出る。

【文型】It's too＋形容詞「それは〜すぎます」

too は、「〜すぎる」という不満を表現できる。

例：It's too expensive.「それは高すぎます」

【文型】How about＋名詞（動名詞）？「〜はいかがですか？」

勧誘の表現だが、料金交渉などでも使える。

例：How about 30 dollars?「30ドルでどうでしょう」

How about disco with me tonight?

「今夜、いっしょにディスコはいかが？」

4 英語道場としての海外旅行

一人旅のススメ

まずは、一人旅のススメ、である。

交渉もすべてやらねばならない。少しシビアだけれど、得るものは圧倒的に多い。

よく、子どもに水泳を教えるには、ゴチャゴチャ言うより、背の届かない海に放り込めという。必死になったら誰でも泳げるはずだとの論理だ。同じことが海外旅行でも言える。

思いきって、一人旅に出かけよう。必死になったら、英語で話せるはずだ。

一人旅はたしかにさびしい。不便なことも多い。しかし、さびしいからこそ、人にやさしくなれる。美術館などでは、自分のペースでじっくりと鑑賞できるから、観光のクオリティが違う。そしてなにより、自分自身と静かに向き合うという、日常では得がたい時間が持てる。

私は四〇歳から本格的な一人旅を始めた。最初はおっかなびっくりだったが、一人旅も数をこなすことで、しだいに慣れてくる。さびしいなかに、ディープな楽しみを感じ取れるようになったなら、一人旅を楽しめる、自立度の高い人に成長したと言える。

若者なら、長期貧乏旅行がいい。

アジアの物価の安い国がいい。インドやネパールなら、なおいい。インドは手ごわいが、ネパールはやさしいから、ネパールからスタートして、自信がついたらインドに挑《いど》むといい。私の旅費は月に二〇万円ほどだったが、インドで出会った若い日本人の女性は、三ヵ月で一〇万とか、半年で一〇万と、少ない資金でねばっていた。英会話学校の授業料に等しい五〇万円の資金があれば、二年の長期旅も可能なのだ。

長期旅行をするなら、ガイドブックは英文のものを利用しよう。私が愛用しているのは『ロンリー・プラネット・シリーズ』だが、ホテルやレストラン、公共交通機関についての情報量は、日本のガイドブックの比ではない。治安情報についても、具体的でくわしい。旅に必要な情報が満載されているから、おしきせの教科書などに比べて内容的な魅力もケタ違いである。英語を読むのに使えるヒマな時間はたっぷりあるはずだ。

サラリーマンなら、短期旅行を定期的にしよう。

日本のサラリーマンは、休暇が短いのが宿命である。しかし、一年に最低一回、できれば二回、定期的に旅行をするようにしたらどうだろう。ゴールデン・ウィークや年末年始は予約も大変だが、早めに予約するクセをつければ、そうむずかしくはない。

ニフティのワールド・フォーラムのパソコン通信仲間のサラリーマンたちは、みな、上手に旅の機会をつくっている。「管理職になれと言われたとき、旅がしたいからイヤだと抵抗して、旅のための休みを取っていいという条件つきで承諾したんだ」「あいつは旅好きで、休暇は絶対に取るという評判をつけちゃうんですよ。その代わり、ふだんの仕事はきっちりする必要もあるけどね」などなど、工夫して旅に出ている。定職に就きながら、三〇代で五〇カ国、一〇〇カ国をまわった猛者もいる。

グループ旅行では、添乗員役をしよう。

日本人の海外旅行に関する統計では、一人旅は全体の一割にしかならない。もしあなたが、「一人旅なんて絶対にイヤ」というなら、二人や三人で旅するのでもかまわない。その場合は、自ら「添乗員役」を買って出てはどうだろう。

日本人のパターンとして、グループでもっとも外向的な人や英語の達者な人が世話役、交渉役を一手に引き受け、残りの人は貝のように英語の口を閉ざして旅するケースが多い。英語道場としての旅を全員が意識するなら、添乗員役を日替わりでするのはどうだろう。日直当番を決めて、交渉は日直が担当するのである。

ファミリー旅行のお父さんなどは、最初からこの任務を背負わされている人も多いと思う。そんなお父さんは、旅のついでの英会話でなく、「英語道場の旅」へと、心ひそかに認識をバージョン・アップしよう。家族の目を盗んで、旅行前のインプット作業にリキを入れるのだ。お父さんの家庭内での地位がグーンとアップすること請け合いである。

あるいはまた、同じホテルに連泊するような日は、一人旅の練習として、各人が別行動を取るようにするのもいい。気の合う仲間同士でも、一週間もいっしょに旅すると、お互いのわがままが鼻についてくることも多い。あえて別行動の時間を取り、夕食時にお互いの冒険譚を拝聴しあうのも、なかなか楽しい趣向である。

英語磨きの旅であることをきちんと意識して工夫をすれば、海外旅行を利用して効率のいい実戦練習を行うことができる。次の旅行から、ぜひ実行してみよう。

非英語圏を旅せよ

英語学習というと、アメリカやイギリスなど英語圏を考える人が多い。あなたが興味あるのは、アメリカやイギリスなのか、それともコミュニケーション・ツールとしての英語なのか、自問自答してほしい。

アメリカを旅すると、あなたは「英語のヘタな東洋人」になる。私が世界で出会う日本人ツーリストを見るに、どうも日本人は欧米人に対して萎縮し、アジア人に対して横柄に出る傾向がある。とくにオジサンの場合、この傾向はかなり顕著だ。

アジアの人々を見下す態度については、いつも苦々しく思っているが、もしそういう潜在的心理が少しでもあるなら、堂々と英語をぶつけるのに、アジアが適していると言える。

ヨーロッパの非英語圏では、英語がなかなか通じずに苦労するが、そういう状況が、英語の発話にはずみをつける。相手の英語が自分以下だと悟ったなら、きっとあなたは自信をつけて、大きな声で英語を話すようになるだろう。

非英語圏を旅すると、旅人としての外国人ツーリストとお友だちになるチャンスも多い。他国を旅するアメリカ人なら、「英語のヘタな東洋人」とも対等の立場にあるし、向こうも旅の出会いを楽しもうとするから、よき旅のパートナーにもなれる。旅の途中で私がよく話すのは、アメリカ、イギリス、オーストラリア、カナダなどの英語圏の人や、ドイツ、フランスなど、世界的にも旅行好きの国の人である。

それから、第二外国語の学習をおすすめしたい。キャリア・コースなら、英検準一級レベルにまで英語力をつけてから、ミーハー・コースなら、自分の気の向くままに、違う言語にも目を向けてみてはどうだろう。

たとえば、旅をしてみて、めったやたらに気の合う国に出会ったら、そこの言語を学んでみるのもいい。そして、その国にリピートするという旅のスタイルもある。外国語を使いこなせればこなせるほど、旅は楽しくなる。

私の場合は、英語の次にスペイン語を学んだ。スペイン語は、私の収入アップにはそう効力を発揮してくれなかったけれど、私の人生を二倍以上リッチにしてくれたという、たしかな手ごたえを感じている。

たとえば、誰かと知り合って、「英語を勉強してるの」と言っても、もう今ではありきたりすぎるけれど、「スペイン語を勉強してるの」と言えば、同じ言語を学ぶ者同士、その日からお友だちになれる。スペイン語を学ぶ仲間には個性豊かな楽しい面々が多く、スペイン語を学習することで、貴重な仲間をたくさん得た。

同じ旅行をするにしても、スペイン語をある程度身につけたうえでスペイン語圏を旅する楽しさは、また格別である。出会った人に感心され、珍しがられる。より親切にしてもらえる。なんともミーハー的な喜びだが、でもとにかく楽しい。

もうひとつの言語を学ぶというのは、自分のまわりにもうひとつの文化圏を持つことである。そこには、英語圏とはまた違う文化と人と仲間がいる。人生が二倍リッチになること請け合いである。

英語の現地ツアーを選んでみる

観光のためのツアーは、現地調達の英語のツアーにかぎる。これはじつに楽しい。旅先で出会った見知らぬ人ともどんどんしゃべるのが欧米感覚だから、一人旅とて心配することはない。

私が初めてこの手のツアーに参加したのはメキシコ留学中のことだったが、ランチのときなんか、「ここ、ここ。ここにいらっしゃい」と、何人もの人が手招きしてくれた。日本製カメラが珍しいらしく、頼みもしないのに、「シャッターを押してあげよう」と何人もから言われた。まあ、あのころはまだ若く、かわいかったからかなぁ。いや、そんなこと関係ない。要は、最初のひとことを英語で話し、あなたが「英語のできる日本人」であると、相手にわからせることだ。さらに、「感じのいい日本人」だとわかってもらえれば、それでもうお友だちになれる。

パリ・ツアーでフランス語通訳にされた話

フランス語などできない私が、フランス語通訳にされてしまったことがある。

私は、ある時期、お琴を習っていた。半年ほど習って、六段の調べがひけるようになったころ、私の先生が、パリでの演奏会を依頼された。

先生は、超初心者の私にもパリへ来てほしいと言う。

「あんたもパリに来てくれへんか。まだまだ手（お琴の腕）はアカンけど、口（語学的知識）で助けてもらえるさかい」

「けど私、フランス語はできませんよ」

「ええがな、英語もフランス語も似たようなもんや」（←ラテン気質の先生だった）

この折り、パリでジャパン・フェスティバルが開かれていて、お茶やお花、着物着つけのチームなど、二〇〇人近くがパリに行くことになった。ツアーは某旅行会社が仕切って、そこの添乗員さんも同行した。私は、単なるツアーの一員として参加したのだが、お琴チームの私設添乗員の役目も負っていた。

出発までの一ヵ月に、「三〇日のフランス語」という本を読破した。いや、読破ではない。一通り目を通しただけだから、フランス語会話ができるというのにはほど遠かった。

パリ滞在の初日、先生と一番弟子の方と私の三人は、オペラ座に行くことにして、タクシーを探そうとした。

「じゃあ、僕がタクシーを見つけてあげましょう」と、添乗員さんが言った。

背広姿の添乗員さんと、私たち女三人で、タクシー乗り場に行った。その乗り場に並んでいるタクシーは、なぜかみな、助手席に犬を乗せている（想像するに、これは防犯のためと、助手席にお客を乗せたくないからだ。ラテンアメリカのお友だち感覚とは逆の発想だ）。添乗員さんが、最初のタクシーに話しかけた。

「ノーノー」と断られた。

「おかしいなぁ。なんで断るんだろう」と添乗員さん。二台目、三台目のタクシーにも、「ノーノー」と断られた。

その様子を見て、私はピンときた。運転手は、私たちを四人組の乗客と思い、後部座席に四人は乗れないので、断っているのではないか。

えーと、フランス語の一・二・三は、アン・ドゥ・トロア。「人」は、英語でパーソン、スペイン語でペルソナか。じゃあ、あてずっぽうでフランス風に発音してみるか。あとは、単語会話でもっとも大切なマジック・ワード「プリーズ」である。フランス語では「シルブプレ」だ。

頭のなかでそれだけ準備して、ダメ元で次のタクシーに言ってみた。

「トロア・ペルスン・シルブプレ」

「ウイ・サバー」（はい、どうぞ。だと思う）と運転手は微笑んで、後部座席のドアをさっと開けてくれた。

「なんだぁ、志緒野さんも人が悪いなぁ。フランス語できるんじゃないですか」と添乗員さんが言った。しかし、私が話したのはたった三語じゃないか。

数日後、バスで四〇人くらいが移動しているときだった。その添乗員さんが、私の席までやってきて言った。

「すみませんけど、通訳してもらえませんか」

「ええっ、けど私、フランス語できないですよ」

「また、そんなぁ。できるじゃないですか」

お客の一人がコンコルド広場で降りたいから、そこでバスを止めるように運転手さんに言ってほしいという。じつは、英語のできない運転手さんにこの程度のリクエストを伝えるのに苦労した経験は、ヨーロッパでの添乗中に何度もあった。この程度の意志疎通は、言語知識なしでもできるはずだ。

私は、運転手さんに言ってみた。

「コンコルド・プラッツ。アウト・ストップ・シルブプレ」

はっきり言って、スペイン語かドイツ語かフランス語かようわからん単語を並べただけだった（プラッツ platz はドイツ語で広場を、アウト auto は自動車を意味する。ストップは英語だが、他国でもよく通じる）。ところが、これが通じたのだ。とってもハンサムな運転手さんは、「ウイ・サバー」と答えて、広場でバスを止めてくれた。

「ほらぁ、やっぱりフランス語、できるんじゃないですか」と、また添乗員さんが言った。

そうじゃないってばぁ。フランス語ができるんじゃなくって、コミュニケーション能力があるだけなんだってばぁ。

旅とコミュニケーション

旅、とくに一人旅は、コミュニケーション能力をきたえてくれる。

旅が楽しくて、定期的に一人旅できるようになったとしたら、もう、英会話学校や留学のことなど考えなくなっていると思う。そんなお金があったら、また違う国を旅してみたいと思うようになる。

だからみなさん、留学や学校にお金をつぎこむよりも、個人旅行にチャレンジしてみてほしい。

旅をする　↓　コミュニケーション能力がアップ　↓　より安く旅する技術がアップ
↓　さらに旅をする　↓　人々との交流が深まる　↓　旅の魅力がアップ
↓　言語を磨く動機がアップ　↓　コミュニケーション能力がさらにアップ

これは、一九九五年から放浪旅行を始めた私が実感した、「旅の魅力連鎖」である。私の場合は、初めから英語もスペイン語も話せたが、ただの会話力というより、見知らぬ旅人に声をかけるタイミングとか、町の人たちと会話を進める感覚などについては、やはり旅を重ねるにつれて磨かれていった。

直感的に好印象を受けた人とすれ違えば、日本人であれ、欧米人であれ、現地人であれ、あれこれおしゃべりするのが楽しい。日本文化圏では、見知らぬ人に声をかけることなどまずない私だが、海外旅行のときは、日本人のパーソナリティを脱ぎ捨てて、積極的な別のパーソナリティを身につけることにしている。

たとえば、インドやネパールでは、ユニークな一人旅の日本人女性と知り合って、その後もつきあっている。ボリビアでは、二日続けてレストランで相席したドイツ人カップルと、長々と話し込んだ。メキシコでは、ディナー・ショーで知り合ったニュージーランド女性と、意気投合して夜遅くまで語らった。スペインでは、ふと話しかけた日本人の短期留学生に、えらく感謝された。セゴビヤの名物料理、子豚の丸焼きが食べたかったらしいのだが、一人で高級レストランに入れず、ちゅうちょしていたらしい。私が思いきって声をかけたおかげで、二人してリッチなランチを楽しめた。

現地の人は忙しく働いているけれど、旅人はけっこう話し相手を求めているものだ。それは日本人にかぎらず、欧米人でも同じだ。だから、話しかけるタイミングさえつかめば、思いがけない楽しいつきあいが展開する。

旅を重ねて、旅の魅力の真髄がわかったころには、「英語を話す」ということは、もう、目的ではなく、特別なことでもなく、ハサミやツメ切りのような身近なツールになっている。そして、あなたなりの英語との取り組み方が確立されていることと思う。

お金と時間をかき集めて、さあ、旅に出てみよう。

一〇〇字書評

切り取り線

本書の購買動機（新聞名か雑誌名か、あるいは○をつけてください）

＿＿新聞の広告を見て	雑誌の広告を見て	書店で見かけて	知人のすすめで

あなたにお願い

この本をお読みになって、どんな感想をお持ちでしょうか。右の「一〇〇字書評」を私までいただけたらありがたく存じます。今後の企画の参考にさせていただきます。

あなたの「一〇〇字書評」は新聞・雑誌などを通じて紹介させていただくことがあります。そして、その場合は、お礼として、特製図書カードを差しあげます。

右の原稿用紙に書評をお書きのうえ、このページを切りとり、郵便にて左記へお送りください。住所は不要です。電子メールでもけっこうです。

〒101-8701

祥伝社黄金文庫　編集長　小川　純

E-mail:ohgon@shodensha.co.jp

住所
〒
なまえ
年齢
職業

祥伝社黄金文庫

祥伝社黄金文庫　創刊のことば

「小さくとも輝く知性」――祥伝社黄金文庫はいつの時代にあっても、きらりと光る個性を主張していきます。

真に人間的な価値とは何か、を求めるノン・ブックシリーズの子どもとしてスタートした祥伝社文庫ノンフィクションは、創刊15年を機に、祥伝社黄金文庫として新たな出発をいたします。「豊かで深い知恵と勇気」「大いなる人生の楽しみ」を追求するのが新シリーズの目的です。小さい身なりでも堂々と前進していきます。

黄金文庫をご愛読いただき、ご意見ご希望を編集部までお寄せくださいますよう、お願いいたします。

平成12年(2000年) 2月1日　　　祥伝社黄金文庫　編集部

たった3ヵ月《げつ》で英語《えいご》の達人《たつじん》――留学《りゅうがく》なんて無駄《むだ》！　お金《かね》のかからない速習法《そくしゅうほう》

平成14年4月20日　初版第1刷発行

著　者　志緒野《しおの》マリ

発行者　村木　博

発行所　祥《しょう》伝《でん》社《しゃ》
東京都千代田区神田神保町3-6-5
九段尚学ビル　〒101-8701
☎03 (3265) 2081 (販売)
☎03 (3265) 1084 (編集)

印刷所　錦明印刷

製本所　豊文社

万一、落丁・乱丁がありました場合は、お取りかえします。

ISBN4-396-31291-1　C0182

祥伝社のホームページ・http://www.shodensha.co.jp/